Bettina Höldrich

Deutsch üben

Lesen & Schreiben A1

Hueber Verlag

Quellenverzeichnis:
Umschlagfoto: © Thinkstock/iStock/stevanovicigor

S. 14:	1 © fotolia/Alessio Zoffranieri; 2 © fotolia/300dpi; 3 © fotolia/Dragan Radojkovic; 4 © Thinkstock/iStock/scanrail; 5 © Thinkstock/iStock/ambrits, 6 © fotolia/photolook; 7 © fotolia/Sergej Razvodovskij; 8 © fotolia/Viktor Gmyria
S. 24:	Piktogramme Parken (3x) © fotolia/sunt; Ampeln © Thinkstock/iStock/ET-ARTWORKS; Piktogramme Verbote (3x) © fotolia/vektorisiert
S. 32:	1 © Thinkstock/iStock/Zoonar/O.Kovach; 2 © fotolia/Valua Vitaly; 3 © Thinkstock/iStock/karandaev; 4 © fotolia/sumnersgraphicsinc; 5 © Thinkstock/iStock/elbs; 6 © Thinkstock/iStock/Andreyuu; 7 © iStock/Beboy_ltd
S. 33:	8 © fotolia/Angel Simon; 9 © Thinkstock/iStock/lucielang; 10 © iStock/Lee Rogers; 11 © Thinkstock/iStock/Magone; 12 © Thinkstock/iStock/Sannie32; 13 © iStock/adventtr; 14 © Thinkstock/PhotoObjects.net; 15 © Thinkstock/iStock/mipan
S. 42:	1© fotolia/martintu; 2 © fotolia/Nedjo; 3 © fotolia/Bianka Hagge
S. 43:	4 © fotolia/Irina Fischer; 5 © fotolia/Jürgen Fälchle
S. 52:	Logo Das Erste © Erstes Deutsches Fernsehen; Logo ZDF © ZDF; Logo RTL © RTL Television 2013, vermarktet durch RTL Interactive GmbH

5. 4. 3. | Die letzten Ziffern
2027 26 25 24 23 | bezeichnen Zahl und Jahr des Druckes.
Alle Drucke dieser Auflage können, da unverändert, nebeneinander benutzt werden.
1. Auflage

Umschlaggestaltung: Sieveking · Agentur für Kommunikation, München
Zeichnungen: Irmtraud Guhe, München
Layout und Satz: Sieveking · Agentur für Kommunikation, München
Verlagsredaktion: Katrin Dorhmi, Hueber Verlag, München
Druck und Bindung: Friedrich Pustet GmbH & Co. KG, Regensburg
Printed in Germany
ISBN 978–3–19–467493–6

Art. 530_24563_001_03

Inhalt

Vorwort 4

A Personen 5
- A1 Wer ist das? 5
- A2 Familie Becker – Ein Formular 8
- A3 Wortschlange 10
- A4 Wie geht's? 11

B Dinge 12
- B1 Was ist das? 12
- B2 Ist das ein Elefant? 13
- B3 Was kosten die Elektrogeräte? 14
- B4 Hast du eine Waschmaschine? 16
- B5 Mein und dein 18

C Alltag 21
- C1 Orientierung 1 21
- C2 Orientierung 2 23
- C3 Ein normaler Tag 25
- C4 Freundinnen schreiben E-Mails 28

D Essen und Trinken 32
- D1 Ein Supermarkt-Prospekt 32
- D2 Speisekarte im Café 35
- D3 Was essen die Leute? 38

E Wohnen 40
- E1 Wo wohnst du? 40
- E2 Eine Wohnung suchen 42
- E3 Einladungen und Briefe 44

F Freizeit und Hobby 49
- F1 Was machst du gern? 49
- F2 Das Fernsehprogramm 52
- F3 Wohin gehen wir heute? 55
- F4 Wie war das Wochenende? 58

G Unterwegs 61
- G1 Reisen 61
- G2 Wie fährst du? – Mit dem Bus. 65
- G3 Ein Urlaub – zweimal erzählt 66
- G4 Wann fährt der Zug? 70

H Arbeit, Beruf, Lernen 74
- H1 Das Alphabet der Berufe 74
- H2 Lernstationen 77
- H3 Ein Termin – viele Termine! 80
- H4 Deutsch lernen macht Spaß 83

Lösungen 85

Vorwort

Liebe Lernerinnen, liebe Lerner,

Deutsch üben **Lesen und Schreiben A1** ist ein Übungsheft für Anfänger mit geringen Vorkenntnissen zum selbstständigen Üben und Wiederholen.
Es eignet sich zur Vorbereitung auf die Einreise nach Deutschland bzw. zur Überbrückung hin zum Integrationskurs.
Sie können Ihre bereits vorhandenen Sprachkenntnisse erhalten und vertiefen, Kurspausen überbrücken oder sich auf die Prüfungen der Niveaustufe A1 des *Gemeinsamen Europäischen Referenzrahmens* vorbereiten.

Deutsch üben **Lesen und Schreiben A1** orientiert sich an den gängigen A1-Lehrwerken (z. B. *Schritte*) und trainiert die Fertigkeiten Lesen und Schreiben auf dem Niveau A1. Die authentisch gestalteten Texte behandeln viele wichtige Textsorten, die Ihnen im Alltag begegnen. Abwechslungsreiche Übungen trainieren Ihr Leseverständnis und begleiten Ihre ersten Schritte im schriftlichen Ausdruck. Zahlreiche Tipps zu Satzbau und Grammatik helfen Ihnen dabei. Die unterhaltsamen Illustrationen fördern Motivation und Lernerfolg.

Zu allen Übungen finden Sie im Anhang einen ausführlichen, übersichtlichen Lösungsschlüssel.

Viel Spaß und Erfolg!

Autorin und Verlag

Abkürzungen:

m	maskulin, männlich	*der Hund*
f	feminin, weiblich	*die Katze*
n	neutral, sächlich	*das Pferd*
Pl	Plural, Mehrzahl	*die Tiere*

A Personen

A1 Wer ist das?

1 a) Ergänzen Sie. Es ist immer *eine* Person.

~~Tina~~ • London • ~~England~~

1. Das bin ich. Ich heiße *Tina.*

   Ich komme aus *England.*

   Ich wohne in ________.

Argentinien • Ricardo • Buenos Aïres

2. ● Wie heißt du? ■ Ich ______ ________.

   ● Woher kommst du? ■ Ich ______ ____ ________.

   ● Wo wohnst du? ■ Ich ______ ____ ________.

ein Mann • Frankfurt • Erkan • der Türkei

3. Das ist ____ ________.

   Er heißt ________.

   Er kommt ____ ____ ________.

   Er wohnt ____ ________.

Australien • eine Frau • Berlin • Susan

4. Das ____ ____ ________.

   Sie ____ ________.

   Sie ______ ____ ________.

   Sie ______ ____ ________.

Tipp

ein Mann: er   eine Frau: sie

1 b) Schreiben Sie die Verben aus Nummer 1 bis 4 in der richtigen Form in die Tabelle:

	heißen	kommen	wohnen	sein
ich	heiße			
du				
er, sie				

1 c) Ergänzen Sie. Es sind immer *zwei* Personen.

kommen • ~~sind~~ • wohnen

1. Wir sind Lisa und Paul.

   Wir ________ aus München.

   Wir ________ auch in München.

seid • wohnt • kommt

2. Ihr ________ Erkan und Müberra.

   Ihr ________ aus der Türkei.

   Ihr ________ in Frankfurt.

kommen • wohnen • sind

3. Das ________ Paul und Lisa.

   Sie ________ aus München.

   Sie ________ auch in München.

A

1 d) Schreiben Sie jetzt die Verben aus den Dialogen in die Tabelle:

	kommen	wohnen	sein
wir	*kommen*		
ihr			
sie			

1 e) Schreiben Sie Sätze.

1. ich – kommen – Italien *Ich komme aus Italien.*
2. er – wohnen – Österreich *Er* ______
3. sie – heißen – Isabel ______
4. wir – wohnen – München ______
5. Eva und Anton – wohnen – Köln ______
6. er – kommen – Norwegen ______
7. du – wohnen – Madrid ______
8. ihr – kommen – Russland ______

Tipp

Ländername (Nominativ)	**kommen aus ... / wohnen in ... (Dativ)**
Deutschland	... aus / in Deutschland
Spanien	... aus / in Spanien
London	... aus / in London
Berlin	... aus / in Berlin
die Türkei (f)	! ... aus **der** / in **der** Türkei
die Schweiz (f)	! ... aus **der** / in **der** Schweiz
die USA (Pl)	! ... aus **den** / in **den** USA

A2 Familie Becker – Ein Formular

2 a) Lesen Sie.

Das ist Familie Becker. Susanne Becker ist am 5. April 1979 in Hamburg geboren.

Sie ist Hausfrau. Susanne ist mit Marc verheiratet.

Marc Becker ist am 28. September 1977 in Bielefeld geboren. Er ist Ingenieur von Beruf.

Marc und Susanne haben zwei Kinder: Paul, geboren 2002, und Anna, geboren 2004.

2 b) Jetzt kennen Sie Familie Becker. Füllen Sie das Formular aus.

Familienname	**Vorname**	**Geschlecht**
Becker	*Susanne*	m ☐ w ☒
Geburtsdatum	**Geburtsort**	**erwerbstätig**
05.04.1979	______	ja ☐ nein ☒

Kinder	ja ☐ nein ☐	
Familien- und Vorname	**Geburtsjahr**	**Geschlecht**
______	______	m ☐ w ☐
______	______	m ☐ w ☐

Ehemann/Ehefrau

Familienname	**Vorname**	**Geschlecht**
______	______	m ☐ w ☐
Geburtsdatum	**Geburtsort**	**erwerbstätig**
______	______	ja ☐ nein ☐

m = männlich (ein Mann oder ein Junge)
w = weiblich (eine Frau oder ein Mädchen)

erwerbstätig = arbeitet und verdient Geld

2 c) Sehen Sie das neue Formular an und schreiben Sie einen Text über Familie Aydin. Der Lesetext bei a) kann Ihnen dabei helfen.

Familienname	**Vorname**	**Geschlecht**
Aydin	*Osman*	m ☒ w ☐
Geburtsdatum	**Geburtsort**	**erwerbstätig**
21.06.1973	*Ankara*	ja ☒ nein ☐

Ehemann/Ehefrau

Familienname	**Vorname**	**Geschlecht**
Aydin	*Gülan*	m ☐ w ☒
Geburtsdatum	**Geburtsort**	**erwerbstätig**
01.02.1972	*Istanbul*	ja ☒ nein ☐

Kinder ja ☒ nein ☐

Familien- und Vorname	**Geburtsjahr**	**Geschlecht**
Aydin Yara	*1999*	m ☐ w ☒
		m ☐ w ☐

Das ist Familie Aydin. Osman

A3 Wortschlange

3 a) Markieren Sie, wo die Wörter aufhören.

wie | heißt | dumeinnameistpaulerkommtausmünchenwasistsievon

berufsieistlehreringutentagfraumüllerwiegehtesihnendankegutundihnen

weristdasdasistpetraistdasihretaschejadasistmeine

3 b) Wie heißen die Sätze in der Wortschlange? Welche Sätze gehören zusammen?

1. ● *Wie heißt du*?
   ■ *Mein* Name ist Paul.
2. ______________.
3. ● ______________?
   ■ ______________.
4. ● ________, ________! ______________?
   ■ ________, _____! ______________?
5. ● ______________?
   ■ ______________.
6. ● ______________?
   ■ _____, ______________.

Tipp

Was schreibt man groß?

- Das **erste** Wort im Satz: ***W**ie heißt du? **M**ein Name ist …*
- **Nomen** (Wörter für Dinge und Personen): *der **N**ame, der **B**eruf, die **L**ehrerin, der **T**ag, die **T**asche*
- **Namen** und **Titel**: ***P**aul, **M**ünchen, **F**rau **M**üller, **P**etra*
- **formelle** Wörter: ***S**ie, **I**hnen, **I**hre **T**asche*

Sehen Sie sich jetzt Ihre Sätze von b) noch einmal an: Haben Sie alle diese Regeln beachtet?

3 c) Groß oder klein? Korrigieren Sie.

~~d~~*D*as ist eine stadt. die stadt heißt salzburg. hier gibt es viele touristen, viele museen und viel musik. herr müller und frau müller gehen heute in ein konzert. die karten sind nicht teuer.

A4 Wie geht's?

4 a) Formell (Sie) oder informell (du)? Sortieren Sie.

~~Freunde~~ • Leute auf der Straße • Familie • Kunde und Verkäuferin • Gute Kollegen • Mitarbeiter und Chef

Kunde = kauft etwas | Verkäuferin = verkauft etwas | Mitarbeiter = arbeitet in einer Firma

Sie (formell)	du (informell)
	Freunde

4 b) Schreiben Sie für die formelle und die informelle Situation den passenden Dialog.

Auch gut, danke. • Hallo, wie geht's? • Danke, gut, und Ihnen? • Danke, gut, und dir? • ~~Guten Tag, wie geht es Ihnen?~~ • Auch gut, danke.

Sie (formell)	du (informell)
● Guten Tag, wie geht es Ihnen?	●
■	■
●	●

4 c) Jemand fragt „Wie geht's?". Sortieren Sie die Antworten.

gut • es geht • schlecht • ~~sehr gut~~ • nicht so gut

sehr gut ______ ______ ______ ______ ______

☺ ←------------------------------→ ☹

normaler Dialog | Freunde und Familie

B Dinge

B1 Was ist das?

1 a) Lesen Sie.

Das ist **ein** Tisch.

Der Tisch ist groß.

Das ist **eine** Rose.

Die Rose ist schön.

Das ist **ein** Haus.

Das Haus ist klein.

Das sind Rosen.

Die Rosen sind rot.

1 b) Schreiben Sie die Artikel.

1. Straße (f)	Das ist *eine* Straße. *Die* Straße ist lang.
2. Auto (n)	Das ist ______ Auto. ______ Auto ist schnell.
3. Markt (m)	Das ist ______ Markt. ______ Markt ist billig.
4. Geschäft (n)	Das ist ______ Geschäft. ______ Geschäft ist teuer.
5. Häuser (Pl)	Das sind ______ Häuser. ______ Häuser sind groß.
6. Platz (m)	Das ist ______ Platz. ______ Platz heißt „Marktplatz".
7. Büro (n)	Das ist ______ Büro. ______ Büro ist klein.
8. Pullover (m)	Das ist ______ Pullover. ______ Pullover ist warm.
9. Schuhe (Pl)	Das sind ______ Schuhe. ______ Schuhe sind braun.
10. Tasche (f)	Das ist ______ Tasche. ______ Tasche ist elegant.

Tipp

der, die, das

- Wörter mit ***-e*** am Ende sind normalerweise feminin: ***die** Rose, die Straß**e***.
- Kurze Wörter (eine Silbe) haben normalerweise den Artikel ***der*** oder ***das***: ***der** Tisch, **das** Haus.*
- Am besten: Kontrollieren Sie den Artikel im Wörterbuch.

B2 Ist das ein Elefant?

Lesen Sie das Beispiel und ergänzen Sie dann die Sätze.

● Ist das ein Elefant?

■ Nein, das ist kein Elefant, das ist ein Hund.

Tipp

Negation

maskulin:	ein Elefant	**k**ein Elefant	**neutral:**	ein Glas	**k**ein Glas
feminin:	eine Blume	**k**eine Blume	**Plural:**	Blumen	**k**eine Blumen

1. ● Ist das ein Buch?
   ■ Nein, das ist *kein* *Buch*, das ist *ein* *Heft*. (Heft, n)
2. ● Ist das eine Tasche?
   ■ Nein, das ist ______ __________, das ist ______ __________. (Tüte, f)
3. ● Ist das ein Messer?
   ■ Nein, das ist ______ __________, das ist ______ __________. (Schere, f)
4. ● Ist das eine Schere?
   ■ Nein, das ist ______ __________, das ist ______ __________. (Schlüssel, m)
5. ● Ist das eine Tüte?
   ■ Nein, das ist ______ __________, das ist ______ __________. (Rucksack, m)
6. ● Ist das eine Zeitung?
   ■ Nein, das ist ______ __________, das ist ______ __________. (Zeitschrift, f)
7. ● Ist das ein Telefon?
   ■ Nein, das ist ______ __________, das ist ______ __________. (Computer, m)
8. ● Sind das Schuhe?
   ■ Nein, das sind ______ __________, das sind ______ __________. (Socken, Pl)

B3 Was kosten die Elektrogeräte?

Tipp

Dativ
der Computer – **mit dem** Computer
die Kamera – **mit der** Kamera
das Handy – **mit dem** Handy

1

die Digitalkamera

2

der Computer

3

der Drucker

4

das Handy

5
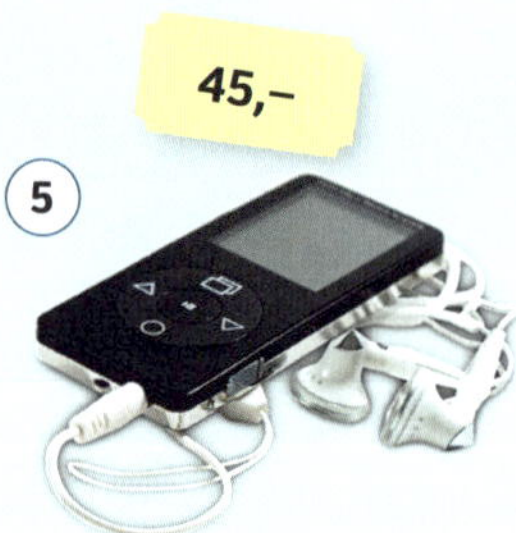

der MP3-Player

6

die Waschmaschine

7

der DVD-Player

8

der LCD-Fernseher

Was kosten die Geräte? Was kann man damit machen? Schreiben Sie.

Musik hören • telefonieren und Nachrichten schreiben • fernsehen • Texte oder Fotos drucken • ~~Fotos machen~~ • Texte schreiben und im Internet surfen • Wäsche waschen • DVDs ansehen

1. *Die Digitalkamera kostet 169 Euro.*
   Mit der Digitalkamera kann man Fotos machen.
2. *Der Computer*
   Mit
3.
4.
5.
6.
7.
8.

B4 Hast du eine Waschmaschine?

4 a) Lesen Sie die Dialoge.

(m)	(f)	(n)
● Hast du **einen** Computer?	● Hast du **eine** Kamera?	● Hast du **ein** Radio?
■ Ja, ich habe **einen** Computer. Und du?	■ Ja, ich habe **eine** Kamera. Und du?	■ Ja, ich habe **ein** Radio. Und du?
● Ich habe **keinen** Computer.	● Ich habe **keine** Kamera.	● Ich habe **kein** Radio.

Tipp

Akkusativ

maskulin	ein Computer	–	Ich habe ein**en** Computer.
feminin	eine Kamera	–	Ich habe eine Kamera.
neutral	ein Radio	–	Ich habe ein Radio.

Tipp

Artikel-Tipp

Wörter mit ***-e*** am Wortende sind oft feminin: ***die*** *Waschmaschine*, ***die*** *Mikrowelle*.
Apparate mit ***-r*** am Ende sind oft maskulin: ***der*** *Computer*, ***der*** *Fernseher*, ***der*** *Drucker*.

4 b) Schreiben Sie Dialoge.

1. Waschmaschine (f)

● Hast du *eine Waschmaschine* ?

■ Ja, ich habe ____________________. Und du?

● Ich habe ____________________.

2. Fernseher (m)

● Hast du ____________________?

■ Ja, ____________________. Und du?

● ____________________.

3. Handy (n)

- ● ______________________
- ■ ______________________
- ● ______________________

4. Mikrowelle (f)

- ● ______________________
- ■ ______________________
- ● ______________________

5. Drucker (m)

- ● ______________________
- ■ ______________________
- ● ______________________

6. DVD-Player (m)

- ● ______________________
- ■ ______________________
- ● ______________________

7. Auto (n)

- ● ______________________
- ■ ______________________
- ● ______________________

8. Fahrrad (n)

- ● ______________________
- ■ ______________________
- ● ______________________

B5 Mein und dein

5 a) Schreiben Sie die Antworten auf die Fragen in die Tabelle.

Ja, das ist meine Tasche. • Nein, das ist dein Buch. • Nein, das ist seine Tasche. • Ja, das ist mein Buch. • Nein, das ist ihr Schlüssel • Nein, das ist dein Schlüssel. • Nein, das sind seine Bücher. • Nein, das ist ihr Buch. • Nein, das ist ihre Tasche. • Nein, das ist sein Schlüssel. • Nein, das ist deine Tasche. • Ja, das sind meine Bücher • Nein, das sind deine Bücher. • Nein, das ist sein Buch. • Nein, das sind ihre Bücher. • ~~Ja, das ist mein Schlüssel.~~

	Ist das dein Schlüssel?	Ist das deine Tasche?	Ist das dein Buch?	Sind das deine Bücher?
ich	*Ja, das ist mein Schlüssel*.	*Ja,*		
du	*Nein, das ist dein* .	*Nein,*		
er	*Nein, das ist sein* .			
sie	*Nein, das ist ihr* .			

Tipp

***die** Tasche* (feminin) → ***meine** Tasche*

***die** Bücher* (Plural) → ***meine** Bücher*

5 b) Schreiben Sie.

1. ich – das Haus *Das ist mein Haus.*
2. er – das Auto ______
3. du – der Stift ______
4. ich – die Jacke ______
5. sie – das Handy ______
6. er – die Hefte ______
7. du – die Tasse ______
8. sie – die Schuhe ______

5 c) *du* und *Sie* – Schreiben Sie.

<u>du</u>:		<u>Sie</u>:
1. Ist das dein Pass?	→	*Ist das Ihr Pass?*
2. Ist das dein Auto?	→	__________
3. Ist das deine Adresse?	→	__________
4. Ist das deine Telefonnummer?	→	__________
5. Ist das dein Stift?	→	__________
6. Ist das deine Uhr?	→	__________
7. Ist das deine Tasche?	→	__________
8. Sind das deine Bücher?	→	__________

5 d) Bitte, kannst du mir das leihen? – Lesen Sie die Beispiele und schreiben Sie dann.

Ich muss schreiben, aber ich habe **keinen Stift**!
Kannst du **mir deinen Stift leihen**, bitte?

Mir ist kalt, aber ich habe **keine Jacke**!
Kannst du **mir deine Jacke leihen**, bitte?

Ich muss die Kinder von der Schule abholen, aber ich habe **kein Auto**!
Kannst du **mir dein Auto leihen**, bitte?

1. Ich muss in die Stadt fahren – das Fahrrad

   Ich muss in die Stadt fahren, aber ich habe kein Fahrrad!

   Kannst du mir dein __________

2. Ich verstehe ein Wort nicht – das Wörterbuch

   Ich verstehe __________

   ____

3. Ich muss telefonieren – das Handy

   ____

   ____

4. Mir ist kalt – der Pullover

   ____

   ____

5. Ich muss einkaufen – die Kreditkarte

____

____

5 e) Bitte, kannst du mir das geben? Können Sie mir das geben? – Schreiben Sie.

1. Wir essen und ich möchte das Salz.

(du) *Bitte, kannst du mir das Salz geben?*

(Sie) *Bitte, können Sie mir das Salz geben?*

2. Wir sind im Deutschkurs und ich möchte Papier.

(du) *Bitte, kannst du* ______________________________

(Sie) ____

3. Wir essen und ich möchte das Brot.

(du) ____

(Sie) ____

4. Ich möchte die Telefonnummer von jemandem (mir – geben).

(du) ____

(Sie) ____

5. Ich brauche Hilfe (mir – helfen).

(du) ____

(Sie) ____

6. Das Fenster ist zu und mir ist warm (aufmachen).

(du) ____

(Sie) ____

7. Das Fenster ist auf und mir ist kalt (zumachen).

(du) ____

(Sie) ____

C Alltag

C1 Orientierung 1

1

Dr. Annette Müller
Praktische Ärztin
Sprechstunde
Mo, Di, Do, Fr 9–17 Uhr
Mi 9–12 Uhr
Telefon: 086 / 72 77 55

2

Anmeldung zum
Deutschkurs
im 3. Stock
Zimmer 301

3

ALMI
Gute Qualität zu Billigpreisen
Mo – Sa
08:00 – 20:00 Uhr

4

Angel Hair
Modische Frisuren für Sie
Ab Euro 20,-
Mo – Fr 9–20,
Sa 10–14 Uhr

5

Stadt Mühlberg
Aufenthalt Zi. 212 · Personaldokumente Zi. 215
Öffnungszeiten: Mo, Di, Mi 9 – 17 Uhr,
Do 9 – 20 Uhr, Fr 9 – 12 Uhr
E-Mail: meldeamt@muehlberg.de

6

INFRUT
Mediterrane Spezialitäten
Obst und Gemüse Import
Mo – Fr
9 19 Uhr

1 a) Wo sehen Sie diese Schilder?

Supermarkt • ~~Arztpraxis~~ • Friseur • Sprachschule • Obst- und Gemüseladen • Meldeamt

1. Arztpraxis
2. ____________
3. ____________
4. ____________
5. ____________
6. ____________

1 b) Schreiben Sie die Formen von *können* und *müssen* in die Tabelle.

können		müssen	
ich	kann	ich	______
du	______	du	musst
er, sie, es	______ (kein -*t*!)	er, sie, es	______ (kein -*t*!)
wir	______	wir	______
ihr	könnt	ihr	______
sie, Sie	______	sie, Sie	______

1 c) Schreiben Sie Sätze zu den Schildern. Die Verbformen aus b) können Ihnen dabei helfen.

1. ich – um 9 Uhr zur Sprechstunde kommen (müssen) — Ich muss um 9 Uhr zur Sprechstunde kommen.
2. du – dich hier zum Sprachkurs anmelden (können) — Du kannst ______
3. Martin – in den 3. Stock gehen (müssen) — ______
4. wir – dort billig einkaufen (können) — ______
5. Toni und Ella – mehr als 20 Euro bezahlen (müssen) — ______
6. Barbara – eine E-Mail ans Meldeamt schreiben (können) — ______
7. ihr – dort vor 17 Uhr anrufen (müssen) — ______
8. du – hier Obst und Gemüse kaufen (können) — ______

C2 Orientierung 2

Paul **will** hier abbiegen. (wollen)

Aber Paul **darf** hier nicht abbiegen. (dürfen)

2 a) Schreiben Sie die Formen von *wollen* und *dürfen* in die Tabelle. Ein Grammatikbuch kann Ihnen dabei helfen.

wollen • darf • dürfen • willst • wollt • wollen • darf • ~~will~~ • dürfen • darfst • will • dürft

wollen	dürfen
ich *will*	ich ______
du ______	du ______
er, sie, es ______ (kein -t!)	er, sie, es ______ (kein -t!)
wir ______	wir ______
ihr ______	ihr ______
sie, Sie ______	sie, Sie ______

2 b) Schreiben Sie die Verben in der richtigen Form.

1. Lisa ___*will*___ hier parken. Sie ___*darf*___ hier parken. (wollen, dürfen.)

2. Tim __________ hier halten. Aber er __________ hier nicht halten. (wollen, dürfen)

halten = stoppen

3. Ich __________ hier parken. Aber ich __________ nicht. (wollen, dürfen)

4. Ihr __________ über die Straße gehen?
   Achtung, ihr __________ jetzt nicht, die Ampel ist rot! (wollen, dürfen)

5. Jetzt __________ Susi und Paul über die Straße gehen. (dürfen)

6. ● __________ wir eine Zigarette rauchen?
   ■ Siehst du das Schild da? Wir __________ hier nicht rauchen. (wollen, dürfen)

7. Ich weiß, du __________ gern im Museum fotografieren.
   Aber das geht nicht. Im Museum __________ du nicht fotografieren. (wollen, dürfen)

8. ● __________ man hier telefonieren?
   ■ Nein, das __________ man nicht. (dürfen, dürfen).

C3 Ein normaler Tag

3 a) Was macht Julie? Ordnen und schreiben Sie die Sätze.

- (1) Julie steht um halb sieben auf.
- ( ) Am Nachmittag geht sie spazieren oder sie kauft ein.
- ( ) Um acht Uhr geht sie in die Sprachschule.
- ( ) Dann geht sie nach Hause und kocht das Mittagessen.
- ( ) Sie isst um sieben und sie geht um elf ins Bett.
- ( ) Der Kurs fängt um halb neun an und er ist um eins zu Ende.
- ( ) Sie schläft bald und sie träumt auf Deutsch!
- ( ) In der Schule lernt sie Wörter und Grammatik.
- (2) Dann frühstückt sie.
- ( ) Am Nachmittag macht sie auch die Hausaufgaben für morgen.

1. *Julie steht um halb sieben auf.*
2. *Dann* __________
3. __________
4. __________
5. __________
6. __________
7. __________
8. __________
9. __________
10. __________

3 b) Schreiben Sie Fragen mit *W*-.

Wann stehst du auf?
Wann gehst du zur Arbeit?

1. wann – du – aufstehen *Wann stehst du auf?*
2. wann – du – zur Arbeit – gehen ______
3. was – du – machen – am Vormittag ______
4. wann – du – essen – zu Mittag ______
5. was – du – machen – am Nachmittag ______
6. wann – du – essen – zu Abend ______
7. wann – du – gehen – ins Bett ______

3 c) Schreiben Sie Fragen, auf die man mit *Ja* oder *Nein* antworten kann.

Gehst du auch in eine Sprachschule?
Lernst du auch Wörter und Grammatik?

1. gehen – du – auch – in eine Sprachschule *Gehst du auch in eine Sprachschule?*
2. lernen – du – auch – Wörter und Grammatik ______
3. kochen – du – auch – das Mittagessen ______
4. spazieren gehen – du – auch ______
5. machen – du – auch – Hausaufgaben ______
6. träumen – du – auch – auf Deutsch ______

3 d) Sortieren Sie die Wörter. Alle Sätze beginnen hier mit *ich*.

1. um – ich – sieben – stehe – auf Ich stehe um sieben auf.
2. zur Arbeit – gehe – um neun – ich ______________
3. ich – zu Mittag – um eins – esse ______________
4. am Nachmittag – gehe – ich – spazieren ______________
5. sehe – ich – am Abend – fern ______________
6. um elf – ins Bett – gehe – ich ______________

3 e) Schreiben Sie Varianten zu den Sätzen von d).

1.	A	Ich	stehe	um sieben	auf.
	B	Um sieben	stehe	ich	auf.
2.	A	Ich	gehe	um neun	zur Arbeit.
	B	Um neun			
3.	A				
	B				
4.	A				
	B				
5.	A				
	B				
6.	A				
	B				

C4 Freundinnen schreiben E-Mails

4 a) Setzen Sie die E-Mail zusammen.

1

Von: anita33@einemail.de

An: lisa8593@einemail.de

Gruß am Abend

Liebe Lisa,

es ist schon elf Uhr abends, aber ich möchte Dir noch schreiben. Mein Tag heute war wirklich stressig!

2

Um drei Uhr war ich total müde, aber da hat die Party angefangen! Neun Kinder sind gekommen. Wir haben viele Spiele gemacht, Kuchen gegessen und Kakao getrunken. Es war sehr lustig. Aber jetzt möchte ich eine Woche Urlaub!

3

Ich bin wie immer um sechs Uhr aufgestanden und habe Frühstück gemacht. Sandra ist heute acht Jahre alt geworden und wir haben ihr natürlich zum Geburtstag gratuliert. Dann habe ich sie in die Schule und Tim in den Kindergarten gebracht.

4

Jetzt habe ich alles aufgeräumt und Dir schnell geschrieben. Wie geht es Dir, Lisa? Du hattest sicher einen ruhigen Tag! Schreib mir bald!

Viele Grüße

Anita

5

Das war alles ziemlich normal. Aber dann! Die Kinder sind nach Hause gekommen und haben gefragt: „Hast du schon alles für die Party vorbereitet?“ Natürlich nicht, denn ich hatte keine Zeit! Also haben wir zusammen einen Kuchen gebacken und den Kartoffelsalat gemacht. Die Würstchen habe ich schon gestern eingekauft.

6

Um acht waren alle weg. Da hat Paul angerufen. Er hat gesagt: „Schade, ihr habt Geburtstag gefeiert und ich war nicht da!“ Ich habe gesagt: „Nächstes Jahr kannst du ja alles organisieren!“

7

Paul ist heute Vormittag für drei Tage nach Köln gefahren, er trifft dort Kollegen. Ich habe seinen Koffer fertig gepackt.

4 b) Lesen Sie die E-Mail von a). Beantworten Sie dann die Fragen: Richtig oder falsch?

	richtig	falsch
1. Tim hat heute Geburtstag.	☐	☒
2. Anita ist um sechs Uhr aufgestanden.	☐	☐
3. Paul ist nach Düsseldorf gefahren.	☐	☐
4. Sie haben Kuchen gebacken.	☐	☐
5. Die Party hat um halb vier angefangen.	☐	☐
6. Die Party war langweilig.	☐	☐
7. Paul hat gesagt, er organisiert nächstes Jahr die Party.	☐	☐
8. Anita hat am Abend aufgeräumt.	☐	☐

4 c) Hier sehen Sie die Verben aus der E-Mail, die in der Vergangenheitsform stehen. Wie heißt der Infinitiv?

Was ist passiert?	Verb im Infinitiv
1. Mein Tag war ...	*sein*
2. Ich bin ... aufgestanden	*aufstehen*
3. (ich) habe ... gemacht	*machen*
4. Sandra ist ... geworden	______
5. wir haben ... gratuliert	______
6. Dann habe ich ... gebracht	______
7. Paul ist ... gefahren	______
8. Ich habe ... gepackt	______
9. Das war ...	______
10. Die Kinder sind ... gekommen	______
11. (sie) haben ... gefragt	______
12. Hast du ... vorbereitet?	______
13. ich hatte	______
14. Also haben wir ... gebacken	______

15. (wir) haben ... gemacht ____________
16. Die Würstchen habe ich ... eingekauft ____________
17. da hat die Party angefangen ____________
18. Neun Kinder sind gekommen ____________
19. Wir haben ... gemacht ____________
20. (wir haben) ... gegessen ____________
21. (wir haben) ... getrunken ____________
22. Da hat Paul angerufen ____________
23. Er hat gesagt ____________
24. ihr habt ... gefeiert ____________
25. Jetzt habe ich ... aufgeräumt ____________
26. (ich habe) ... geschrieben ____________
27. du hattest ____________

Tipp

1. **sein:** ich bin gewesen *oder oft*: ich war
   haben: ich habe gehabt *oder oft*: ich hatte

2. *Verben der Ortsveränderung*: kommen, gehen, fahren, aufstehen, werden ...

   Ort A → *Ort B* ich **bin** gekommen
   er **ist** gegangen
   NICHT: ich ~~habe~~ gekommen, er ~~hat~~ gegangen

3. **Ich habe** gearbeitet, **ich habe** telefoniert und **ich habe** aufgeräumt.
   Kürzer: **Ich habe** gearbeitet, telefoniert und aufgeräumt.

4 d) Lisas Antwort. – Schreiben Sie *war, hatte* und die Verben im Perfekt.

Von: lisa8593@einemail.de

An: anita33@einemail.de

Gruß zurück

Liebe Anita,

danke für Deine E-Mail! Du Arme – Dein Tag war wirklich stressig!	sein
Aber mein Tag _____ auch nicht so ruhig!	sein
Am Morgen _____ ich ins Büro ______________, wie immer.	gehen
Ich _______ mit Kunden ______________ und E-Mails ______________.	telefonieren, schreiben
Mittags _____ ich mit einer Kollegin essen __________. Du kennst doch das	gehen
kleine italienische Restaurant in der Nähe von meinem Büro. Ich _____ Pizza	
und einen Salat ______________ und eine Cola ______________.	essen, trinken
Wir __________ eine Stunde Mittagspause ___________.	machen
Um zwei _____ ich ins Büro ____________________ und	zurückkommen
das Internet _____ nicht ______________!	funktionieren
Das Problem haben wir oft. Wir __________ einen Techniker _________.	rufen
Er _____ _________, wir müssen alles neu installieren!	sagen
Mein Chef _____ _________, ich kann nach Hause gehen.	sagen
Ein freier Nachmittag! Und was _____ ich _________?	machen
Ich _____ __________ und die Wohnung ____________.	aufräumen, putzen
Danach _____ ich so müde! Ich _____ um neun ins Bett ______________	sein, gehen
und _____ auch nicht mehr ______________.	fernsehen

Wann hast Du denn mal wieder Zeit? Wir können doch mal wieder zusammen Kaffee trinken.

Viele Grüße

Lisa

D Essen und Trinken

D1 Ein Supermarkt-Prospekt

(1)

1,19

1 kg Bananen

(2)

1,49

2 kg Kartoffeln

(3)

-,99

100 g Wurst

(4)

1,39

100 g Käse

(5)

1,39

1 Packung Nudeln

(6)

2,99

1 Packung Kaffee

(7)

-,79

1 Flasche Orangensaft

8

3,95

1 Flasche Olivenöl

9

3,49

1 Glas Honig

10

1,79

1 Glas saure Gurken

11

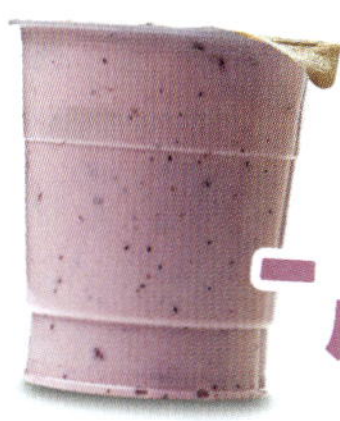

-,39

1 Becher Joghurt

12

-,29

1 Becher Pudding

13

1,09

1 Dose Thunfisch

14

-,59

1 Dose Tomaten

15

6,49

1 Kasten Mineralwasser
(12 Flaschen)

1 a) Kilo – Liter – Packung ... – Finden Sie die richtigen Wörter.

~~ein Kilo (1 kg)~~ • hundert Gramm (100 g) • ein Liter (1 l) • eine Packung • ein Kasten • ein Glas • ein Becher • eine Dose • eine Flasche

1. *ein Kilo* ________ Tomaten, Fleisch, Bananen
2. ________ Wasser, Saft, Öl
3. ________ Milch, Wasser, Saft
4. ________ Käse, Wurst
5. ________ Honig, Marmelade, saure Gurken
6. ________ Nudeln, Reis, Kaffee
7. ________ mit zwölf Flaschen Bier, Wasser, Limonade
8. ________ Joghurt, Margarine, Pudding
9. ________ Thunfisch, Tomaten, Erbsen

1 b) Sehen Sie den Prospekt an. Fragen und antworten Sie.

Tipp

ein Kilo / **eine** Packung / **ein** Kasten koste**t** ... *(Singular)*
zwei Kilo / **hundert** Gramm / **zwölf** Flasche**n** koste**n** ... *(Plural)*

1. *Was kostet ein Kilo Bananen?* – *Ein Kilo Bananen kostet 1,19 Euro.*
2. *Was kosten zwei Kilo Kartoffeln?* – ________
3. ________ *Käse?* – ________
4. ________ *Nudeln?* – ________
5. ________ *Honig?* – ________
6. ________ *Joghurt?* – ________
7. ________ *Tomaten?* – ________

D2 Speisekarte im Café

Speisekarte Café Windbeutel

Frühstück (bis 11 Uhr)

Kleines Frühstück:
Tasse Kaffee oder Tee, zwei Brötchen, Butter, Marmelade oder Honig .... € 5,50

Großes Frühstück:
Tasse Kaffee oder Tee, Glas Orangensaft, drei Brötchen, Butter, Wurst, Käse .... € 8,80

Sportler-Frühstück:
Tasse Kaffee oder Tee, 1 Schale Müsli mit Joghurt und frischem Obst .... € 6,90

Kuchen

Schokoladenkuchen, Apfelkuchen, Käsekuchen .... Stück € 1,90
1 Portion Sahne .... € 0,50

Torten

Schokosahne, Erdbeersahne, Schwarzwälder Kirsch .... Stück € 2,50
Spezialität des Hauses: Windbeutel, mit Sahne gefüllt .... Stück € 3,00

Kalte Gerichte

Schinkenbrot .... € 3,20
Käsebrot .... € 3,80
Gemischter Salat .... € 4,50
mit Schafskäse und Oliven .... € 5,90
mit gebratenen Putenstreifen .... € 6,90

Kleine warme Gerichte (11:30 bis 14:30 Uhr)

Tomatensuppe .... € 2,80
Klare Nudelsuppe .... € 2,80
Spargelcremesuppe .... € 3,50
2 Spiegeleier mit Brot .... € 4,80
2 Wiener Würstchen mit Brot und Senf .... € 3,80
Spaghetti mit Tomatensoße und kleinem Salat .... € 7,80

Getränke

Tasse Tee (schwarz, grün, Früchte) .... € 1,80
Tasse Kaffee .... € 2,00
Cappuccino .... € 2,20
Espresso .... € 1,80
Heiße Schokolade .... € 2,20
Cola, Limo .... € 2,00
Mineralwasser .... € 1,80
Orangensaft, Apfelsaft .... € 2,50
Bier (Helles) .... € 2,80

D

2 a) Richtig oder falsch? Kreuzen Sie an.

	richtig	falsch
Frühstück:		
1. Man kann bis 13 Uhr frühstücken.	☐	☒
2. Das Frühstück ist nur vegetarisch.	☐	☐
3. Es gibt eine Tasse Kaffee oder Tee inklusive.	☐	☐
Kuchen und Torten:		
4. Es gibt Apfelkuchen, Erdbeerkuchen, Käsekuchen.	☐	☐
5. Ein Stück Kuchen mit Sahne kostet 2 Euro 40.	☐	☐
6. Die Spezialität des Hauses ist Apfelstrudel.	☐	☐
Kalte und warme Gerichte:		
7. Es gibt Nudeln mit Tomatensoße.	☐	☐
8. Die kleinen Gerichte kosten alle unter 10 Euro.	☐	☐
9. Es gibt einen Salat mit Mozzarellakäse und Oliven.	☐	☐
10. Man kann um 15 Uhr warm essen.	☐	☐
Getränke:		
11. Es gibt vier Sorten Tee.	☐	☐
12. Der Kaffee kostet mehr als der Tee.	☐	☐
13. Es gibt kalte Schokolade.	☐	☐

2 b) Was essen und trinken die Leute im Café Windbeutel? Schreiben Sie.

Tipp

essen + trinken + *Akkusativ-Objekt*

Ich esse ein**en** Kuchen. *(maskulin -**en**)*	Ich trinke ein Wasser. *(neutral)*
Ich esse eine Suppe. *(feminin)*	Ich esse Spaghetti. *(Plural)*

1. Frau und kleines Mädchen:
   Die Frau: Apfelsaft (m), Schinkenbrot (n).
   Das Mädchen: Limonade (f), Apfelkuchen (m)

   Die Frau trinkt einen Apfelsaft und isst ein Schinkenbrot.

   Das Mädchen trinkt eine Limonade und isst einen Apfelkuchen.

2. Zwei Freundinnen:
   Die erste Frau: Cappuccino (m), Windbeutel (m)
   Die andere Frau: Tee (m)

   Die erste Frau trinkt __________

   Die andere Frau __________

3. Ein Paar:
   Die Frau: Mineralwasser (n), Salat (m)
   Der Mann: Bier (n), zwei Wiener Würstchen (Pl)

   ____

   ____

4. Eine Familie:
   Die Mutter: Kaffee (m) und Schokoladenkuchen (m)
   Der Vater: Mineralwasser (n) und Spaghetti (Pl)
   Der Sohn: Cola (f) und Erdbeertorte (f)
   Die Tochter: Orangensaft (m) und Käsebrot (n)

   ____

   ____

   ____

   ____

D3 Was essen die Leute?

3 a) Quiz: Bitte kreuzen Sie an: Was ist ein typisches Essen …

1. … in Deutschland?
   - ☐ Zitronen, Orangen, Bananen
   - ☐ Brot, Knödel, Schweinebraten
   - ☐ Suppe, Tomatensalat, harte Eier

Knödel = runde „Bälle“ aus Brot und Ei oder Kartoffeln und Ei

2. … in Österreich?
   - ☐ Fisch, Käse, Tee
   - ☐ Reis, Nudeln, Pizza
   - ☐ Gulasch, Schnitzel, Mehlspeisen

Schnitzel = dünnes Stück Fleisch, in der Pfanne gebraten oder frittiert
Gulasch = Fleischstücke in pikanter Soße
Mehlspeise = Essen mit Mehl, wie Kuchen, Knödel etc.

3. … in der Schweiz?
   - ☐ Käsefondue, Rösti, Schokolade
   - ☐ Wurst, Pommes frites, Eiscreme
   - ☐ Käsebrötchen, Huhn mit Soße, Obstsalat

Käsefondue = man kocht Käse in einem Topf und isst das mit kleinen Stücken Brot
Rösti = dünner „Kuchen“ aus Kartoffeln, in Öl braun gebraten

3 b) Was frühstücken die Leute? Lesen Sie den Text.

Susanne isst zum Frühstück immer ein Müsli und trinkt einen Kaffee.

Paul isst zwei frische Brötchen mit Marmelade. Er trinkt einen Tee, manchmal einen Kaffee.

Maja isst meistens einen Joghurt mit Obst. Sie trinkt oft einen Orangensaft oder auch einen Apfelsaft.

Tom isst selten etwas zum Frühstück. Er trinkt nur eine Tasse Kaffee.

Anne frühstückt nie. Sie hat morgens keinen Hunger.

Pia mag morgens Brot, Wurst und Käse. Sie isst auch oft ein Croissant.

3 c) Markieren Sie im Text, wie oft die Leute etwas essen. Schreiben Sie es dann hier auf:

1. ___immer___ ein Müsli essen
2. ______________ einen Kaffee trinken
3. ______________ einen Joghurt essen
4. ______________ einen Orangensaft trinken
5. ______________ etwas zum Frühstück essen
6. ______________ frühstücken
7. ______________ ein Croissant essen

3 d) Wie oft? Ordnen Sie die Wörter den Zahlen zu.

~~immer~~ • selten • nie • oft • manchmal • meistens

100 %	80 %	60 %	30 %	10 %	0 %
immer	________	________	________	________	________

3 e) Ergänzen Sie das richtige Häufigkeits-Wort.

1. Morgens trinke ich ___immer___ einen Kaffee. (100 %).
2. Mittags esse ich ______________ Spaghetti. (60 %)
3. Abends trinkt sie ______________ einen Tee (30 %).
4. Er isst ______________ Fleisch. Er ist Vegetarier. (0 %)
5. Wir essen ______________ Fisch. (10 %).
6. Isst du ______________ Roulade? (30 %)
7. Sie essen ______________ Brot (80 %).
8. Ihr esst ______________ Reis. (60 %)

E Wohnen

E1 Wo wohnst du?

1 a) Lesen Sie den Text und kreuzen Sie dann die Antworten an.

Wo wohnst du, Susanne?
Ich wohne in einem Mietshaus in München, in der Mozartstraße, im vierten Stock. Die Wohnung hat vier Zimmer: ein Schlafzimmer, ein Kinderzimmer, eine Wohnküche und ein Arbeitszimmer. Ich wohne da mit meinem Mann und mit meiner Tochter. Die Mozartstraße ist grün und ziemlich ruhig. Es gibt in der Nähe einen Supermarkt, einen Park, viele Geschäfte und ein Kino. Wir wohnen schon zehn Jahre in dem Haus und wir finden es sehr schön! Die Nachbarn sind auch nett.

	richtig	falsch
1. Susanne wohnt in einem Reihenhaus im vierten Stock.	☐	☒
2. Die Wohnung hat vier Zimmer.	☐	☐
3. Susanne wohnt da mit ihrem Mann und ihrem Sohn.	☐	☐
4. Die Mozartstraße ist grün und ziemlich laut.	☐	☐
5. Sie wohnen schon acht Jahre in dem Haus.	☐	☐
6. Sie wohnen gerne da.	☐	☐

1 b) Wo wohnen die Leute? Schreiben Sie die Sätze fertig.

1. das Mietshaus: Ich *wohne in einem Mietshaus.*
2. das Hochhaus: Ich ____________________
3. das Reihenhaus: Du wohnst ____________________
4. das Studentenheim Er wohnt ____________________
5. die Villa: Sie ____________________
6. der Wohnblock Wir wohnen ____________________
7. die Großstadt Ihr wohnt ____________________
8. das Dorf Sie wohnen ____________________

Tipp

Bei der Frage „wo?" steht* in *+ Dativ:

der Wohnblock → in **dem/einem** Wohnblock
das Mietshaus → in **dem/einem** Mietshaus
die Villa → in **der/einer** Villa

Wo? + in + *Dativ*
maskulin -**m**
feminin -**r**
neutral -**m**

1 c) *Es gibt in der Nähe ...* + Akkusativ – Lesen Sie das Beispiel und schreiben Sie Sätze. Tipp: Das Verb steht auf Position 2.

in der Nähe • der Supermarkt — Es **gibt** in der Nähe einen Supermarkt.
oder: In der Nähe **gibt** es einen Supermarkt.

1. hier • das Kino — *Es gibt hier ein* ____
   Hier gibt es ____
2. da • viele Geschäfte ____
3. hier • der Park ____
4. dort • das Internetcafé ____
5. da • das Fahrradgeschäft ____
6. hier • die Apotheke ____
7. da • die Bank ____

1 d) Schreiben Sie Fragen: *Gibt es hier ein/eine/einen ...?* Benutzen Sie die Wörter aus der Übung c).

1. *Gibt es hier ein Kino?*
2. *Gibt es da* ____
3. ____
4. ____
5. ____
6. ____
7. ____

E2 Eine Wohnung suchen

Kaltmiete im Monat	€ 500,–
+ Heizkosten und andere **Nebenkosten** (Wasser, Strom, Müll ...)	€ 180,–
= **Warmmiete**	**€ 680,–**

+ **Kaution**: Geld, das man nur einmal am Anfang als Sicherheit bezahlt.
Wenn man wieder auszieht (= wenn man wieder aus der Wohnung geht), bekommt man das Geld zurück.
Normalerweise ist die Kaution drei Monatsmieten (Kaltmieten): 3 x € 500,– = **€ 1500,–.**

2 a) Wohnungsanzeigen im Internet – Sehen Sie die Anzeigen an und notieren Sie in der Tabelle:

- Was kostet die Warmmiete?
- Wie groß ist die Wohnung in m²?
- Wie viele Zimmer hat die Wohnung?
- Wo ist die Wohnung?
- Ab wann kann man die Wohnung bekommen?

(1) 

4-Zimmer-Citywohnung in Düsseldorf-Oberkassel

Kaltmiete: 650 €
Nebenkosten: 180 €
Wohnfläche: ca. 75 m²
Zimmer: 4
Bezug: ab sofort
Kaution: 1950 €

Warmmiete: *830 Euro*
Größe: *75 m²*
Zimmer: *vier*
Wo: *Düsseldorf-Oberkassel*
Ab wann: *ab sofort*

(2) 

Wohnen am Volksgarten!

Kaltmiete: 439,00 €
Nebenkosten: 130,00 €
Wohnfläche: ca. 65,00 m²
Zimmer: 2
Bezug: 30.11.
Kaution: 3,0 Monatsmieten
Haustiere erlaubt

Warmmiete: ________
Größe: ________
Zimmer: ________
Wo: ________
Ab wann: ________

(3) 

Wunderschönes Apartment mit Terrasse und Garten in Grafenberg!

Kaltmiete: 350,00 €
Nebenkosten: 135,00 €
Wohnfläche: ca. 45,00 m²
Zimmer: 1
Bezug: 01.11.
Kaution: 1050 €

Warmmiete: ________
Größe: ________
Zimmer: ________
Wo: ________
Ab wann: ________

④ 

Ruhige 4-Zimmer-Wohnung in Lohausen, Nähe Flughafen

Kaltmiete: 550,00 €
Nebenkosten: 120,00 €
Wohnfläche: ca. 85,00 m²
Zimmer: 4
Bezug: sofort
Kaution: 1000 €

Warmmiete: ________

Größe: ________

Zimmer: ________

Wo: ________________

Ab wann: ________

⑤ 

Schöner Wohnen in Urdenbach! Sonnenbalkon, Wannenbad, Wohnküche

Kaltmiete: 660 €
Nebenkosten:125,00 €
Wohnfläche: ca. 70 m²
Zimmer: 2
Bezug: verfügbar ab 1.11. oder 1.12.

Warmmiete: ________

Größe: ________

Zimmer: ________

Wo: ________________

Ab wann: ________

2 b) Sehen Sie noch einmal die Anzeigen an. Welche Wohnungen passen für die folgenden Personen?

a) Leo Wirth sucht ein bis zwei Zimmer in Düsseldorf. Er kann maximal 500 Euro warm bezahlen.

b) Familie Sauer sucht eine Vierzimmerwohnung. Herr Sauer arbeitet am Flughafen. Sie können maximal 700 Euro monatlich bezahlen.

c) Herr und Frau Marbach suchen eine Zweizimmerwohnung. Sie möchten im Grünen wohnen. Sie möchten im Dezember einziehen. einziehen = in die neue Wohnung gehen

d) Familie Roth sucht eine Drei- bis Vierzimmerwohnung. Die Wohnung soll zentral liegen. Sie können im Monat circa 800 Euro bezahlen.

e) Frau Messner sucht eine Wohnung mit ein bis zwei Zimmern. Sie möchte einen Balkon und eine Badewanne. Sie muss im November einziehen.

	Wohnung in ...	**für ...**
1.	Oberkassel	*d) Familie Roth*
2.	Volksgarten	________
3.	Grafenberg	________
4.	Lohausen	________
5.	Urdenbach	________

E3 Einladungen und Briefe

3 a) Inge und Klaus haben eine neue Wohnung. Sie schreiben eine Einladung an ihre Freunde. – Sortieren Sie die Text-Teile.

1

Wir möchten euch für Samstagabend, den 12. Dezember zur Einweihungsparty einladen.
Die Party fängt um 20:00 Uhr an. Wir machen ein Büffet!

2

Düsseldorf, 5. Dezember 2016

Liebe Tina, lieber Carlo,

endlich haben wir eine neue Wohnung! Wir haben so lange gesucht. Jetzt wohnen wir direkt am Volksgarten!

3

Liebe Grüße und bis bald

Inge und Klaus

4

Habt ihr Zeit? Hoffentlich! Bitte ruft uns an oder schreibt uns eine E-Mail.

3 b) Inge und Klaus schreiben auch einen Brief an ihren Vermieter. – Sortieren Sie die Text-Teile.

1

seit 01.12. wohnen wir in Ihrer Wohnung, Brinckmannstr. 12, 3. Stock
Die Wohnung gefällt uns sehr gut.

2

1. Die Heizung funktioniert nicht richtig! Wir haben maximal 17 Grad in der Wohnung.
2. Aus der Spüle in der Küche läuft Wasser aus!

3

Leider gibt es ein paar technische Probleme. Das haben wir bei unserer Besichtigung am 22.11. nicht gesehen.

4

Düsseldorf, 05.12.2016

Sehr geehrter Herr Meinecken,

5

Wir können Sie telefonisch nicht erreichen.
Können Sie uns bitte helfen?

Vor allem die Heizung ist wichtig. Es wird jetzt ziemlich kalt.

6

Mit freundlichen Grüßen

Inge und Klaus Marbach

7

Bitte rufen Sie uns schnell an oder kommen Sie vorbei!
Unsere Telefonnummer haben Sie.

3 c) Richtig oder falsch? Lesen Sie die beiden Briefe noch einmal und antworten Sie dann.

	richtig	falsch
1. Inge und Klaus laden Tina und Carlo zu einer Party ein.	☒	☐
2. Es ist die Geburtstagsparty von Inge.	☐	☐
3. Alle müssen etwas zu essen mitbringen.	☐	☐
4. Die Party fängt um acht Uhr an.	☐	☐
5. Herr Meinecken ist der Vermieter von Inge und Klaus Marbach.	☐	☐
6. Inge und Klaus wohnen seit Dezember in der Wohnung.	☐	☐
7. Die Wohnung gefällt ihnen nicht.	☐	☐
8. Die Heizung funktioniert nicht: Die Wohnung ist zu warm.	☐	☐

Tipp

Beachten Sie die Unterschiede zwischen informellen und formellen Briefen und E-Mails:

	informell	*formell*
Anfang	Lieber Paul, ... Liebe Lisa, ...	Sehr geehrter Herr Marbach, ... Sehr geehrte Frau Marbach, ...
Schluss	Viele Grüße	Mit freundlichen Grüßen
Du *oder* Sie*?*	Du	Sie

3 d) Schreiben Sie die Personalpronomen in die drei Einladungen auf den nächsten Seiten. Achten Sie auf die richtige Form: Nominativ, Akkusativ oder Dativ.

Tipp

Nominativ	*Akkusativ*	*Dativ*
ich	Er mag **mich**.	Sie feiern mit **mir**.
du	Wir rufen **dich** an.	Ich danke **dir**.
er, sie, es	Ich liebe **ihn** (m) / **sie** (f) / **es** (n).	Ich schreibe **ihm** (m) / **ihr** (f) / **ihm** (n) Briefe.
wir	Sie laden **uns** ein.	Er antwortet **uns** nicht.
ihr	Er ruft **euch** an.	Wir gratulieren **euch**.
sie, Sie	Ich kenne **sie** nicht. (Pl) Ich kenne **Sie** nicht. (formell Sg + Pl)	Wie geht es **ihnen**? (Pl) Wie geht es **Ihnen**? (formell Sg + Pl)

1

Einladung

Liebe Sonja, lieber Marc,

wie geht es _euch________?

Ich lade __________ herzlich zu meiner Geburtstagsparty am Freitag, den 7. Februar ein. Beginn ist 20 Uhr.

Habt __________ Zeit?
Bitte antwortet __________ bis zum 1. Februar oder ruft __________ an.

Viele Grüße
Katja

2

Liebe Tine,

wir möchten _dich_ herzlich zu unserem jährlichen Sommerfest einladen!

Es findet dieses Jahr am 20. Juli statt.
Um 18 Uhr fangen ______ an!
Kannst ______ auch etwas fürs Büffet mitbringen!

Hoffentlich kannst ______ kommen!
Schreib ______ doch eine E-Mail
oder ruf ______ an!

Liebe Grüße
Marta und Piet

3

Von: Lisa Friedmann

An: Verteiler Redaktion

Einladung

Liebe Kolleginnen und Kollegen,

Sie können *mir* gratulieren – am 30. Mai werde ______

50 Jahre alt! Das möchte ich mit ______ feiern.

Und zwar in der Mittagspause. Es gibt Prosecco und kleine Häppchen.

Haben ______ Zeit? Bitte rufen Sie ______ doch kurz zurück

oder schreiben Sie ______ eine Mail.

Bis dann

Lisa Friedmann

3 e) Ergänzen Sie die Sätze.

1. ● Hat dein Freund *dir* diese E-Mail geschrieben?

   ■ Ja, aber ich kann *ihm* erst morgen antworten.

2. Ich mag Lisa und Paul. Ich möchte ______ mal zum Essen einladen.

3. Sandra hat heute Geburtstag. Hast du ______ schon gratuliert?

4. ● Hat dein Mann auch Zeit?

   ■ Ich weiß nicht, aber ich frage ______ mal.

5. Ich habe meine Eltern lange nicht gesehen. Ich muss ______ mal schreiben.

6. Sie hat ______ gefragt, aber er hat ______ noch nicht geantwortet.

F Freizeit und Hobby

F1 Was machst du gern?

1 a) Sortieren Sie folgende Hobbys. Zu welchem Bereich passen sie?

~~Fußball spielen~~ • Karten spielen • ins Kino gehen • Musik hören • ins Café gehen • in den Park gehen • ins Konzert gehen • ein Buch lesen • im Garten arbeiten • joggen • grillen • ins Museum gehen • Fahrrad fahren • Tennis spielen • schwimmen • Gitarre spielen • einen Film sehen • eine Party machen • spazieren gehen • tanzen

Fußball spielen

Sport

Natur

Musik

Kultur

Familie und Freunde

Tipp

Ich	lese	gern.	
	Verb	+ **gern**	
Ich	spiele	gern	Fußball.
	Verb	+ **gern**	+ ***Objekt***
Ich	mag	Fußball.	
	mögen	+ ***Objekt***	

● Was machst du in der Freizeit?
■ Ich jogge gern, ich lese gern und ich mag Filme. Und du?
● Also, ich fahre gern Fahrrad, ich spiele gern Gitarre und ich mag Musik.

1 b) Was mögen die Leute? Was machen sie gern in der Freizeit? Schreiben Sie.

1. Sara: ins Café gehen, Fußball, tanzen

   Sara geht gern ins Café, sie mag Fußball und sie tanzt gern.

2. Tom: Volleyball spielen, Autos, fotografieren

   Tom spielt gern ______

3. Lena: grillen, im Garten arbeiten, reisen

   ______

4. Barbara: schwimmen, Musik, kochen

   ______

5. Marc: Fußball spielen, in den Park gehen

   ______

6. Annette: Partys, spazieren gehen, Karten spielen

   ______

1 c) Was machst du am liebsten? – Lesen Sie das Beispiel und schreiben Sie dann.

☺ ☺☺ ☺☺☺

Tom und Lena – lesen, Filme sehen, Musik hören

Tom und Lena lesen **gern**, sie sehen **noch lieber** Filme, aber **am liebsten** hören sie Musik.

1. ich – schwimmen, tanzen, reisen

   Ich schwimme gern, ich tanze noch lieber, aber am liebsten reise ich.

2. du – joggen, Fußball spielen, Volleyball spielen

   Du joggst ______

3. wir – Karten spielen, am Computer spielen, einen Film sehen

   ______

4. Barbara – Musik hören, tanzen, ins Restaurant gehen

   ______

5. Sara und Annette – ins Café gehen, spazieren gehen, auf Partys gehen

   ______

F2 Das Fernsehprogramm

	Das Erste	ZDF	RTL
17:00	**17:03** **W wie Wissen** Heute: Ägypten und die Pharaonen	**17:10** **ZDF-Sport-reportage**	**17:10** **Große Haie – Kleine Fische** Trickfilmspaß, USA 2004
18:00	**18:00** **Sportschau** **18:30** **Bericht aus Berlin** Polit-Magazin **18:50** **Lindenstraße** Serie **19:20** **Weltspiegel** Korrespondenten berichten aus Chile, Italien, China und USA	**17:45** **Leute heute** Prominentenmagazin **18:25** **ZDF.reportage** Reportagen. Heute: Schüleraustausch in Amerika **19:00** **heute** Nachrichten **19:10** **Berlin direkt** Polit-Magazin	**19:03** **RTL Aktuell WEEKEND** **19:05** **Schwiegertochter gesucht** Reality-Show: Moderatorin Vera Int-Veen sucht für alleinstehende Muttersöhnchen die Frau fürs Leben.
20:00	**20:00** **Tagesschau** Nachrichten **20:15** **Tatort: Vermisst** Krimi, D 2009	**20:15** **Inga Lindström: Mia und ihre Schwestern** Romanze, D 2009	**20:15** **Lara Croft: Tomb Raider – Die Wiege des Lebens** mit Angelina Jolie und Til Schweiger Action-Abenteuer, USA/D/J/GB/NL 2003

2 a) Sendungen im Fernsehen – Was ist das? Ordnen Sie zu.

die Sendung = ein Programm im TV

1. die Nachrichten (Pl)
2. die Reportage
3. der Trickfilm
4. die Reality-Show
5. das Polit-Magazin
6. die Sportsendung
7. der Krimi
8. die Doku(mentation)
9. die Kindersendung
10. der Spielfilm

a) ein Film über ein Land, eine Stadt, die Natur ...
b) eine kritische Dokumentation
c) Cartoon
d) Programm für Kinder
e) man filmt Leute im realen Leben
f) langer Film, wie Kinofilm (Komödie, Actionfilm, Liebesfilm)
g) Kriminalfilm mit Detektiv, Mord etc.
h) politische Information und Diskussion
i) aktuelle Informationen aus aller Welt
j) Informationen über Fußball, Tennis, Handball ...

1.	2.	3.	4.	5.	6.	7.	8.	9.	10.
i)									

2 b) Finden Sie im Fernsehprogramm folgende Sendungen:

Nachrichten	Doku und Reportage	Sport-sendung	Reality-Show	Spielfilm	Krimi
Tagesschau	*W wie Wissen*				

2 c) Was kommt heute Abend im Fernsehen? Lesen Sie das Beispiel und schreiben Sie dann Dialoge.

20:15 Actionfilm (m)

- ● Was kommt heute Abend im Fernsehen?
- ■ Um 20 Uhr 15 kommt **ein** Actionfilm!
- ● Möchtest du **den** Film sehen?
- ■ Ja, gern!

Tipp

Was kommt ...? + *Nominativ* (ein, eine, ein)
sehen + *Akkusativ* (den, die, das, die)

1. 18:00 Sportsendung (f)

- ● Was kommt ______
- ■ Um 18 Uhr kommt ______
- ● Möchtest du ______
- ■ Ja, gern!

2. 19:10 Polit-Magazin (n)

- ● ______
- ■ ______
- ● ______
- ■ ______

3. 17:10 Trickfilm (m)

- ● ______
- ■ ______
- ● ______
- ■ ______

4. 20:00 die Nachrichten (Pl)

- ● ______
- ■ ______
- ● ______
- ■ ______

F3 Wohin gehen wir heute?

3 a) Lesen Sie das Beispiel.

Lisa und Paul haben heute frei.

Paul: Was machen wir heute?

Lisa: Die Sonne scheint.
Wir können in den Park gehen.

Paul: Gut, gehen wir in den Park zum Spazierengehen.

Tipp

1. *Wohin?* →	***Akkusativ***
der Park	Wir gehen in **den** Park.
die Stadt	Wir fahren in **die** Stadt.
das Kino	Wir gehen **ins** Kino. (= in + das)
die Berge	Wir fahren **in die** Berge.

Die Regel gilt nicht nur für die Präposition in, *sondern auch für* auf *und* an:

der Platz	Ich gehe auf **den** Fußballplatz.
das Meer	Wir fahren **ans** Meer. (= an + das)

2. zum + *Verb*

einkaufen	Wir gehen **zum E**inkaufen.
schwimmen	Wir gehen **zum S**chwimmen.
Fußball spielen	Wir gehen **zum F**ußballspielen.

3. *Zukunft* (morgen, nächste Woche ...): *Das Verb steht im **Präsens:***
Was **machen** wir morgen? – Wir **gehen** zum Einkaufen.
Was **machst** du nächste Woche? – Ich **gehe** zum Skifahren.

F

3 b) Schreiben Sie Dialoge.

1. heute – es ist warm – Schwimmbad, gehen – schwimmen

- ● Was machen wir *heute* ?
- ■ *Es ist warm*. Wir können *ins Schwimmbad* gehen.
- ● Gut, gehen wir *ins Schwimmbad zum Schwimmen*.

2. heute – es schneit – Berge (Pl), fahren – Ski fahren

- ● Was machen wir ________?
- ■ ____________. Wir können ________________.
- ● Gut, fahren wir __________________ Skifahren.

3. heute – es regnet – Kaufhaus (n), gehen – einkaufen

- ● ________________________?
- ■ ____.
- ● ____.

4. heute – ich brauche Bewegung – Park (m), gehen – joggen

- ● ________________________?
- ■ ____.
- ● ____.

5. heute Mittag – das Wetter ist gut – Garten (m), gehen – grillen

- ● ________________________?
- ■ ____.
- ● ____.

6. heute Abend – ein guter Film kommt – **zu Hause** bleiben – fernsehen

- ● ________________________?
- ■ ____.
- ● ____.

3 c) Wohin gehen die Leute? Schreiben Sie.

1. ich – Stadt (f)	*Ich gehe in die Stadt.*
2. du – Büro (n)	*Du gehst ins*
3. Marc – Supermarkt (m)	
4. Lena – Elektrogeschäft (n)	
5. Stefan – Bäckerei (f)	
6. Sandra – Fitness-Studio (n)	
7. ihr – Arbeit (f)	
8. Babs und Timo – Deutschkurs (m)	

3 d) *in, an* oder *auf*? Schreiben Sie.

Wir sind vier Tage in München. Wohin gehen wir? Das ist unser Programm:

10.	11.	12.	13.
Donnerstag	**Freitag**	**Samstag**	**Sonntag**
Pinakothek (f) Englischer Garten (m) Stadtmuseum (n)	Frauenkirche (f) Viktualienmarkt (m) Isar (f)	Olympiaturm (m) Olympiastadion (n) Starnberger See (m)	Deutsches Museum (n) Allianz-Arena (f) Hofbräuhaus (n)

die Pinakothek = ein Museum in München — die Isar = ein Fluss in München

1. Am Donnerstag gehen wir
   in die Pinakothek, in den Englischen Garten und ins Stadtmuseum .
2. Am Freitag gehen wir
   ______ .
3. Am Samstag fahren wir
   ______ .
4. Am Sonntag gehen wir
   ______ .

F4 Wie war das Wochenende?

4 a) Wo waren die Leute? Wie war es? Schreiben Sie.

Tipp

Wo? → *Dativ*	der Park	Wir sind **im** Park.
	die Stadt	Warst du **in der** Stadt?
	die Berge	Ich war **in den** Berge**n**.

1. Sara – Schwimmbad (n) – schön

● *Wo warst du am Wochenende, Sara?* ■ *Ich war im Schwimmbad.*

● *Und wie war es?* ■ *Es war schön!*

2. Timo – Kneipe (f) – voll und laut

● ______ ■ ______

● ______ ■ ______

3. Katja – Berge (Pl) – gut

● ______ ■ ______

● ______ ■ ______

4. Ben – See (m) – toll

● ______ ■ ______

● ______ ■ ______

5. Herr Müller – Park (m) – schön

● ______ ■ ______

● ______ ■ ______

6. Lea und Roman – Party (f) – lustig

● ______ ■ ______

● ______ ■ ______

7. Marc – zu Hause – langweilig

● ______ ■ ______

● ______ ■ ______

4 b) Zwei ungleiche Freunde – Lesen Sie die E-Mail.

Von: ben.no1515@einemail.de

An: tomtom25@einemail.de

Hallo!

Hi Tom,

wie geht's? Wie war Dein Wochenende?

Mein Wochenende war super: Am Freitagabend sind wir (Sandra, Timo, Petra und ich) zuerst essen gegangen. Wir waren in dem neuen indischen Restaurant. Das Essen hat sehr gut geschmeckt! Danach sind wir in die Disco gegangen. Endlich wieder tanzen – das war gut! Ich bin spät nach Hause gekommen.

Am Samstag um neun (!) hat Maja angerufen. Sie hat gesagt: „Du gehst zum Essen und zum Tanzen, aber ins Museum gehst du nicht!“ Ich habe geantwortet: „Natürlich gehe ich ins Museum!“ Dann war klar: Wir waren zuerst im Stadtmuseum und dann in der Kunstgalerie. Ich habe viel über meine Stadt gelernt und sehr viele Bilder gesehen. Danach war ich aber total müde. Um neun Uhr abends bin ich schon ins Bett gegangen!

Am Sonntag bin ich früh aufgewacht. Ich bin an den See gefahren und habe da in einem Café gefrühstückt und auch tolle Fotos gemacht. Zu Hause habe ich die Fotos auf dem Computer angesehen. Ich schicke Dir zwei oder drei.

Und was hast Du gemacht? Warst Du auch so aktiv?

Viele Grüße
Ben

4 c) Markieren Sie die Perfekt-Verben in der E-Mail und machen Sie eine Liste.

Infinitiv	Perfekt	Infinitiv	Perfekt
gehen	ist gegangen	sehen	
schmecken		aufwachen	
kommen		fahren	
anrufen		frühstücken	
antworten		machen	
lernen		ansehen	

F

4 d) Und was hat Tom gemacht? – Ergänzen Sie die Verben im Perfekt und *war*, *hatte*.

einkaufen • erzählen • essen • haben • kommen • ~~lesen~~ • machen • machen • schlafen • sein • telefonieren • treffen • sein • fernsehen • gehen • kochen • lesen

Von: tomtom25@einemail.de

An: ben.no1515@einemail.de

Hallo!

Lieber Ben,

ich *habe* deine E-Mail *gelesen* und ich muss sagen: Du bist sehr aktiv!

Ich ______ am Wochenende gar nichts __________. Langweilig! Aber ich ______ viel Zeit, das ______ auch schön.

Am Freitagabend ______ ich total müde. Ich ______ ein bisschen __________ (einen Krimi) und ______ schon um zehn ins Bett __________.

Am Samstag ______ ich lange __________, bis elf Uhr! Ich ______ schnell __________. Dann ______ ich __________. Ich koche am Wochenende gern, denn ich muss von Montag bis Freitag in der Kantine essen.

Ich ______ aber nicht allein __________: Timo ____ __________. Er ______ von eurem Abend in der Disco __________. Ich bin immer gut informiert, wie du siehst!

Heute ______ ich mal wieder die Wohnung sauber __________. Dann ______ ich ein Buch __________. Am Abend ______ ich lange mit Sylvia __________. Du weißt, ich ____ sie letztes Jahr im Urlaub __________. Vielleicht besucht sie mich mal.

Nächstes Wochenende mache ich etwas mit dir, Ben. Dein Wochenende ist nicht so langweilig!

Ich wünsche dir eine schöne Woche!

Tom

G Unterwegs

G1 Reisen

1 a) Urlaubsreise, Geschäftsreise oder Familientreffen? Lesen Sie und kreuzen Sie an.

1. Herr Obermeier fährt mit dem Zug nach Frankfurt. Er hat dort ein Treffen mit Kollegen.

   Das ist ☐ eine Urlaubsreise.
   ☐ eine Geschäftsreise.
   ☐ ein Familientreffen.

   Geschäftsreise = Reise für die Arbeit

2. Frau Hummel feiert Geburtstag. Sie wird 70 Jahre alt. Ihre Kinder kommen alle nach Köln.

   Das ist ☐ eine Urlaubsreise.
   ☐ eine Geschäftsreise.
   ☐ ein Familientreffen.

3. Eva und Sven fliegen nach Spanien. Sie wohnen im Hotel und gehen jeden Tag schwimmen.

   Das ist ☐ eine Urlaubsreise.
   ☐ eine Geschäftsreise.
   ☐ ein Familientreffen.

1 b) Eine Reise und die Vorbereitungen – Was machen die Leute? Ordnen Sie die Aktivitäten und schreiben Sie ganze Sätze.

Herr Obermeier:

mit den Kollegen über die Arbeit sprechen • ~~eine Zugfahrkarte kaufen~~ • Dokumente und Papiere mitnehmen • einen Platz im Zug reservieren • wieder nach Hause fahren • im Zug das Protokoll vom letzten Treffen lesen • seine Kollegen treffen

1. *Herr Obermeier kauft eine Zugfahrkarte.*
2. *Er reserviert* ______
3. *Er* ______
4. ______
5. ______
6. ______
7. ______

Frau Hummels Kinder:

einen Kuchen backen • Kaffee trinken und Kuchen essen • mit dem Auto nach Köln fahren • „Alles Gute zum Geburtstag!“ sagen • ~~ein Geschenk kaufen~~ • wieder nach Hause fahren • viele Familienfotos machen

1. *Frau Hummels Kinder kaufen ein Geschenk.*
2. *Sie backen* ______
3. *Sie* ______
4. ______
5. ______
6. ______
7. ______

Eva und Sven:

~~Reiseprospekte lesen~~ • in der Sonne liegen und im Meer schwimmen • an den Strand gehen • nach Spanien fliegen • wieder nach Hause fliegen • das Hotel und den Flug buchen • den Koffer packen

1. Eva und Sven lesen Reiseprospekte.
2. Sie ____________________
3. ____________________
4. ____________________
5. ____________________
6. ____________________
7. ____________________

1 c) Wohin fährst du? – Schreiben Sie Dialoge.

Tipp

1. *Trennbare Verben:*

mitnehmen, einpacken: Ich **nehme** Sonnencreme **mit**. Ich **packe** die Badehose **ein**.

Imperativ: **Nimm** Sonnencreme **mit**! **Pack** die Badehose **ein**!

2. fahren + *Land, Stadt:*

Spanien: Ich fahre **nach** Spanien. *Aber:* **die** Türkei: Ich fahre **in** die Türkei.

Berlin: Ich fahre **nach** Berlin.

1. Wohin ...? – Berlin – mitnehmen – einen Stadtplan
   - ● Wohin fährst du?
   - ■ Ich fahre nach Berlin.
   - ● Nimm einen Stadtplan mit!

2. Wohin ...? – Süditalien – einpacken – einen Sonnenhut
   - ● Wohin ____________________
   - ■ Ich fahre ____________________
   - ● Pack ____________________

3. Wohin ...? – London – mitnehmen – einen Regenschirm

- ● ______________________________
- ■ ____
- ● ____

4. Wohin ...? – die Türkei – einpacken – Badesachen (Pl)

- ● ______________________________
- ■ ____
- ● ____

5. Wohin ...? – die Schweiz – mitnehmen – Schweizer Franken (Pl)

- ● ______________________________
- ■ ____
- ● ____

6. Wohin ...? – Paris – einpacken – den Fotoapparat

- ● ______________________________
- ■ ____
- ● ____

7. Wohin ...? – Schottland – mitnehmen – eine warme Jacke

- ● ______________________________
- ■ ____
- ● ____

8. Wohin ...? – Deutschland – einpacken – ein Wörterbuch

- ● ______________________________
- ■ ____
- ● ____

G2 Wie fährst du? – Mit dem Bus.

Tipp

der Bus

das Auto

die U-Bahn

Ich fahre **mit** de**m** Bus/Auto. **mit** de**r** U-Bahn.

Aber: Ich gehe **zu Fuß**.

Schreiben Sie Sätze mit dem Schreibbaukasten.

Wer?	Verb	Womit?	Wohin?
1. Lisa	fahre	mit de**m** Bus (m)	ins Büro.
2. Paul	fährst	mit de**m** Zug (m)	zur Arbeit.
3. Ich	fährt	mit de**m** Fahrrad (m)	zum Einkaufen.
4. Du	fahren		zum Deutschkurs.
5. Wir		mit de**m** Auto (n)	zum Arzt.
6. Sara		mit de**r** U-Bahn (f)	nach Berlin.
7. Tom	gehe		nach Österreich.
8. Frau Roth	gehst	zu Fuß	nach Hause.*
9. Herr Mahr	geht		
10. Mein Sohn	gehen		*invariabel

1. Lisa fährt mit dem Fahrrad zur Arbeit.
2. Paul ______
3. ______
4. ______
5. ______
6. ______
7. ______
8. ______
9. ______
10. ______

G3 Ein Urlaub – zweimal erzählt

3 a) Lesen Sie die Postkarte und die E-Mail.

Liebe Sara,

wir sind in Spanien, am Meer!
Es ist sehr schön hier. Die Sonne scheint jeden Tag und es hat 32 Grad! Auch das Hotel ist wunderbar. Man isst hier nicht schlecht. Wir haben schon nette Leute getroffen.

Viele liebe Grüße
Eva und Sven

Frau Sara Meier
Lilienstraße 5
60528 Frankfurt
Deutschland

Von: evalina@postmail.de

An: lisa8593@einemail.de

Zurück aus Spanien!

Liebe Lisa,

endlich sind wir zurück aus Spanien. Es war schrecklich! Wir hatten wirklich kein Glück!
Es war sehr heiß. Am Morgen hatte es schon 25 Grad. Mittags sind wir immer im Hotel geblieben.
Das Hotel hatte 250 Zimmer! Es war sehr voll und laut. Nachts haben wir nicht gut geschlafen.
Auch das Essen war nicht gut. Alles hat komisch geschmeckt.

Immer sind Leute an unseren Tisch im Restaurant gekommen und haben mit uns gesprochen.
Wir hatten keine Ruhe und keine Zeit für uns. Wir waren total gestresst!

Warum dieses Hotel, fragst Du?? Weißt Du, wir haben es in einem Reiseprospekt gefunden. Das Hotel und den Flug haben wir zusammen gebucht. Das war sehr billig – wir hatten nicht so viel Geld.

Zu Hause ist es viel schöner!

Grüße von Eva

3 b) Wie war der Urlaub? – Vergleichen Sie die Postkarte und die E-Mail.

	Was schreibt Eva auf der Postkarte?	**Was schreibt sie in der E-Mail?**
der Urlaub	Es ist sehr schön hier.	Es war schrecklich!
das Wetter	Die Sonne	Es war
		Am Morgen hatte es
das Hotel		
das Essen		
die Leute		

Tipp

***Kombinationen mit* sein *und* haben:**

sein + *Adjektiv*:	Ich **bin** glücklich.
	Das Wetter **war** schrecklich.
sein + *Ort (Frage „wo?")*	Ich **war** in Spanien.
haben + *Objekt*:	Ich **habe** Hunger.
	Du **hast** nie Zeit für mich!
	Früher **hatte** ich kein Auto.

3 c) Ergänzen Sie *sein* und *haben* in der richtigen Form.

1. ● Hast du heute Zeit? – ■ Nein, heute ________ ich leider keine Zeit.
2. ● ________ du traurig? – ■ Ja, ich ________ Probleme.
3. ● Wo ________ ihr im Urlaub? – ■ Wir ________ in Norddeutschland, es ________ sehr schön.
4. Früher ________ ich kein Geld. Heute ________ ich ein bisschen Geld.
5. ● ________ du ein Auto? – ■ Nein. Aber früher ________ ich einen VW.
6. Meine Tochter ________ krank, aber jetzt ________ sie wieder gesund.
7. Gestern ________ ich gestresst, aber heute ________ ich Zeit.
8. Früher ________ ich kein Handy. Das ________ nicht so praktisch.

3 d) Schreiben Sie selbst eine Postkarte.

Tag • ~~Liebe~~ • Grüße • gut • Türkei • lieber • in • wunderschön • Das • Viele • Strand

Liebe Lisa, ________ Paul,

wir sind ____ der ________ !

Es ist ________________ hier.

____ Wetter ist ____ und wir sind jeden ____ am ________.

________ ________

Anita, Tom und die Kinder

Familie Müller
Gärtnerstraße 5
80992 München
Deutschland

3 e) Wo warst du im Urlaub? Wie war es?

Tipp

Wir haben das Jahr 2017:

Vor einem Jahr war ich in Italien. Das war sehr schön. → vor einem Jahr = 2016

Vor zwei Jahren war ich in Berlin. Das war interessant. → vor zwei Jahren = 2015

das Jahr	**vor** eine**m** Jahr	die Woche	**vor** eine**r** Woche
	vor zwei Jahr**en**		**vor** drei Woche**n**

Zeit: vor + ***Dativ***

Herr Anders fährt gern in Urlaub. Wo war er und wie war es? Schreiben Sie.

1. vor 1 Jahr – Kanada – super

   Vor einem Jahr war er in Kanada. Das war super.

2. vor 2 Jahr... – Indien – sehr interessant

   Vor ___

3. vor 3 Jahr... – Russland – wunderbar

   ___

4. vor 4 Jahr... – **die** Schweiz (Dativ!) – sehr gut

   ___

5. vor 5 Jahr... – **die** Türkei (Dativ!) – wunderschön

   ___

6. vor 6 Jahr... – nicht in Urlaub gefahren – schrecklich

   ___

G4 Wann fährt der Zug?

München Hauptbahnhof – Abfahrt

		Gleis
RE 32982	**Buchloe** München Hbf 10:19 - München-Pasing 10:26 - Geltendorf 10:48 - Kaufering 10:57 - Buchloe 11:05	**Gleis 27**
ICE 880	**Hamburg-Altona** München Hbf 10:20 - Ingolstadt Hbf 10:57 - Nürnberg Hbf 11:30 - Würzburg Hbf 12:28 - Fulda 13:02 - Kassel-Wilhelmshöhe 13:34 - Göttingen 13:54 - Hannover Hbf 14:32 - Hamburg-Harburg 15:42 - Hamburg Hbf 15:55 - Hamburg Dammtor 16:01 - Hamburg-Altona 16:09	**Gleis 14**
ICE 598	**Berlin Ostbahnhof** München Hbf 10:23 - Augsburg Hbf 11:01 - Ulm Hbf 11:49 - Stuttgart Hbf 12:47 - Mannheim Hbf 13:28 - Frankfurt (Main) Hbf 14:08 - Hanau Hbf 14:27 - Fulda 15:09 - Kassel-Wilhelmshöhe 15:42 - Göttingen 16:01 - Hildesheim Hbf 16:32 - Braunschweig Hbf 16:58 - Berlin-Spandau 18:05 - Berlin Hbf 18:19 - Berlin Ostbahnhof 18:30	**Gleis 17**
RE 10824	**Augsburg Hbf** München Hbf 10:32 - München-Pasing 10:38 - Mering 11:00 ⊙Mering-St Afra 11:03 - Kissing 11:06 - Augsburg-Hochzoll 11:10 - Augsburg Haunstetterstraße 11:15 - Augsburg Hbf 11:18	**Gleis 22**
ICE 720	**Köln Hbf** München Hbf 10:55 - Nürnberg Hbf 11:57 - Würzburg Hbf 12:54 - Aschaffenburg Hbf 13:34 - Frankfurt (Main) Hbf 14:05 - Frankfurt (M) Flughafen Fernbf 14:21 - Limburg Süd 14:42 - Montabaur 14:54 - Siegburg/Bonn 15:16 - Köln/Bonn Flughafen 15:27 - Köln Hbf 15:40	**Gleis 15**

4 a) Lesen Sie den Fahrplan. Schreiben Sie dann: Wann fährt der Zug ab? Von welchem Gleis? Wann kommt er an?

	Abfahrt	Gleis	Ankunft
1.	*Der Regionalexpress nach Buchloe fährt um 10 Uhr 19 ab.*	*Er fährt von Gleis 27 ab.*	*Er kommt um 11 Uhr 05 in Buchloe an.*
2.	*Der ICE nach Hamburg-Altona*	*Er fährt*	*Er kommt*
3.	*Der ICE nach Berlin*	*Er*	
4.	*Der Regionalexpress nach*		
5.	*Der ICE nach*		

4 b) Sie sind in Hamburg und müssen mit der U-Bahn fahren. Lesen Sie das Beispiel und schreiben Sie dann.

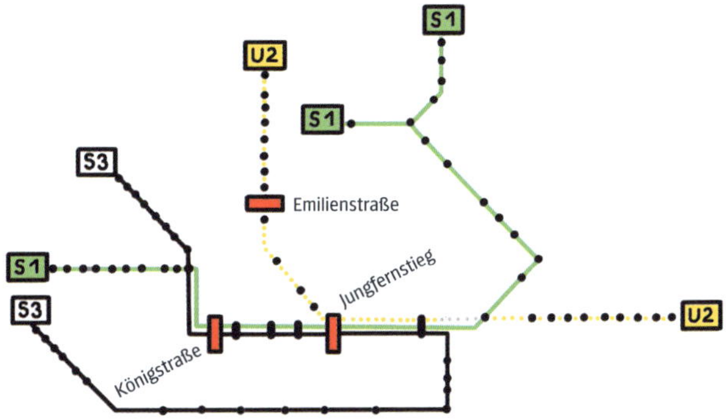

Königstraße → Emilienstraße (f)
S1 oder S3 bis Jungfernstieg (m),
dann U2 bis Emilienstraße

Ich bin in der Königstraße.

- ● Entschuldigung, ich möchte gern zur Emilienstraße.
- ■ Da müssen Sie umsteigen. Sie nehmen hier die S1 oder die S3 und fahren bis zum Jungfernstieg. Am Jungfernstieg nehmen Sie die U2 bis zur Emilienstraße.
- ● Vielen Dank!

Tipp

Wo?	→	in + *Dativ*	Ich bin **in der** Königstraße.
		an + *Dativ*	Ich bin **am** Berliner Tor.
Wohin?	→	zu + *Dativ*	Ich gehe **zum** Stephansplatz.

1. Wandsbeker Chaussee (f) → Gerhart-Hauptmann-Platz (m)

   S1 bis Berliner Tor (n), dann Bus 31 bis Gerhart-Hauptmann-Platz (m)

   Ich bin in der Wandsbeker Chaussee.

   - ● *Entschuldigung, ich möchte* ______
   - ■ *Da müssen Sie umsteigen. Sie nehmen hier die S1 und fahren bis* ______ *. Am* ______ *nehmen Sie den* ______ *bis* ______
   - ● *Vielen Dank!*

2. Tierpark (m) → Uhlandstraße (f)

   U2 bis Berliner Tor (n), dann U3 bis Uhlandstraße

   Ich bin am ______________________

   ● *Entschuldigung, ich* ______________________

   ■ ______________________

   ____

   ____

   ● ______________________

3. Osterstraße (f) → Stephansplatz (m)

   U2 bis Jungfernstieg (m) dann U1 bis Stephansplatz

   ____

   ● ______________________

   ■ ______________________

   ____

   ____

   ● ______________________

4 c) *Ich fahre los, ich steige um, ich komme zurück.* – Lesen Sie das Beispiel und schreiben Sie Sätze.

Lisa fährt am Montag nach Leipzig.
Sie nimmt den Zug.
Sie **fährt** um 9 Uhr **los**.
Sie **steigt** in Nürnberg **um**.
Sie **kommt** um 3 Uhr **an**.
Sie **fährt** am Freitag **zurück**.

Tipp

sie fährt los	–	losfahren	sie kommt an	–	ankommen
sie steigt um	–	umsteigen	sie fährt zurück	–	zurückfahren

1. Tom, Montag: Freiburg	Tom fährt am Montag nach Freiburg.
losfahren: 9 Uhr	Er fährt um
umsteigen: Mannheim	Er steigt in
ankommen: 2 Uhr	Er kommt um
zurückfahren: Donnerstag	Er fährt am
2. Lena, Dienstag: Düsseldorf	
losfahren: 9 Uhr	
umsteigen: Köln	
ankommen: 2 Uhr	
zurückfahren: Freitag	
3. Paul, Mittwoch: Zürich	
losfahren: 4 Uhr	
umsteigen: Winterthur	
ankommen: 9 Uhr	
zurückfahren: Sonntag	

4. Reyhan, Donnerstag: Istanbul	Reyhan fliegt
losfliegen: 8 Uhr 50	Sie fliegt
ankommen: 12 Uhr 15	Sie kommt
dauern: 3 Stunden	Der Flug dauert drei Stunden.
zurückfliegen: Samstag	Sie fliegt
5. Piero, Freitag: Rom	
losfliegen: 15 Uhr	
ankommen: 16 Uhr 30	
dauern: 1,5 Stunden	
zurückfliegen: Mittwoch	
6. Jasmine, Samstag: Dubai	
losfliegen: 11 Uhr 55	
umsteigen: Frankfurt	
ankommen: 22 Uhr 50	
dauern: 9 Stunden	

H Arbeit, Beruf, Lernen

H1 Das Alphabet der Berufe

1 a) Ein Architekt backt Brot und Brötchen? Nein! Ordnen Sie.

Klassische Berufe:

1. Ein Architekt → e)
2. Eine Ärztin
3. Ein Bankkaufmann
4. Eine Bäckerin
5. Eine Floristin
6. Ein Fotograf
7. Eine Erzieherin
8. Eine Krankenschwester
9. Ein Koch
10. Eine Lehrerin
11. Ein Polizist
12. Ein Schneider
13. Eine Verkäuferin
14. Ein Zahnarzt

a) backt Brot und Brötchen.
b) arbeitet in einer Bank.
c) kocht Essen.
d) macht Fotos.
e) plant Häuser.
f) arbeitet in einer Schule.
g) hilft Patienten im Krankenhaus, bringt Medizin und Essen.
h) näht Kleidung.
i) hilft bei Zahnproblemen.
j) verkauft Produkte in einem Geschäft oder Kaufhaus.
k) arbeitet im Kindergarten.
l) heilt kranke Leute. heilen = gesund machen
m) arbeitet bei der Polizei.
n) verkauft Blumen und Pflanzen.

1.	2.	3.	4.	5.	6.	7.	8.	9.	10.
e)									

11.	12.	13.	14.

Moderne Berufe:

1. Ein Flugbegleiter
2. Eine Grafikerin
3. Ein Heilpraktiker
4. Ein IT-Berater
5. Eine Maklerin
6. Eine Psychologin
7. Ein Tourismuskaufmann
8. Ein Steuerberater
9. Ein Werbekaufmann

a) heilt Leute mit Naturmedizin.

b) arbeitet in einer Agentur für Wohnungen und Häuser.

c) bedient Passagiere in einem Flugzeug.

d) hilft bei psychischen Problemen.

e) macht Grafiken für Kataloge, Webseiten etc.

f) hilft bei der Steuererklärung.

Steuererklärung = Dokument für das Finanzamt

g) plant Reklame und Marketing.

h) arbeitet im Reisebüro.

i) hilft einer Firma mit dem Computersystem.

1.	2.	3.	4.	5.	6.	7.	8.	9.

H

1 b) Ein Mann ist Architekt. Eine Frau ist Architektin. – Ergänzen Sie die männliche oder die weibliche Form.

1. der Architekt	*die Architektin*
2. *der Arzt*	die **Ä**rztin
3. ______	die Bäckerin
4. der Bankkauf**mann**	______ *frau*
5. ______	die Floristin
6. der Fotograf	______
7. der Flugbegleiter	______
8. ______	die Grafikerin
9. der Heilpraktiker	______
10. der IT-Berater	______
11. ______	die Erzieherin
12. der Kranken**pfleger**	______ *schwester*
13. der K**o**ch	______
14. ______	die Lehrerin
15. der Makler	______
16. der Polizist	______
17. der Psycholog**e**	______
18. der Tourismuskauf**mann**	______ *frau*
19. der Schneider	______
20. der Steuerberater	______
21. ______	die Verkäuferin
22. der Werbekauf**mann**	______ *frau*
23. der Zahn**a**rzt	______

H2 Lernstationen

2 a) Sortieren Sie die Lernstationen.

in/auf die Hauptschule gehen • in/auf die Realschule gehen • ins/aufs Gymnasium gehen • an einer Fachhochschule oder an einer Universität studieren • ~~in die Kinderkrippe gehen~~ • in/auf die Grundschule gehen • Schneider, Bäcker, Bankkaufmann, Krankenpfleger, Verkäufer • eine Ausbildung machen • in den Kindergarten gehen • Arzt, Architekt, Lehrer, Psychologe, Zahnarzt

1. Vor der Schule

Bis 3 Jahre alt: *in die Kinderkrippe gehen*

3 Jahre und älter: ______________________

2. Schule

Klasse 1 bis 4: ______________________

Klasse 5 bis 9: ______________________

oder: Klasse 5 bis 10: ______________________

oder: Klasse 5 bis 12/13: ______________________

3. Nach der Schule

______________________ (dauert 2 bis 3 Jahre)

oder: ______________________

____

(dauert 3 bis 5 Jahre)

4. Beruf

Für diese Berufe muss man eine Ausbildung machen:

____

Für diese Berufe muss man studieren:

____

2 b) Sara erzählt von sich. – Lesen Sie den Text.

Sara:
„Ich bin 1985 geboren. In eine Kinderkrippe bin ich nicht gegangen. Aber ich war im Alter von vier bis sechs Jahren im Kindergarten.
Danach bin ich in die Grundschule gegangen.
Das waren vier Jahre, also von 1991 bis 1995.
Ich hatte schon als kleines Kind Tiere sehr gern. Mit zehn habe ich gesagt: ‚Ich möchte einmal in einem Zoo arbeiten!'
Von 1995 bis 2001 bin ich in die Realschule gegangen.
Danach habe ich eine Lehrstelle als Tierpflegerin bekommen. Die Lehre hat drei Jahre gedauert.
2004 habe ich die Lehre beendet. Ich habe viele Bewerbungen geschrieben.
2005 habe ich eine Stelle im Zoo von Wuppertal gefunden. Meine Arbeit gefällt mir sehr gut – mit Tieren arbeiten ist nie langweilig!"

die Bewerbung = ich möchte eine Arbeit und schreibe einen Brief oder eine E-Mail an eine Firma
die Stelle = der Arbeitsplatz

2 c) Schreiben Sie den Text neu: Erzählen Sie von Sara.

Sara ist 1985 geboren. In eine Kinderkrippe ist sie ______________________

____

____

____

____

____

____

____

____

Tipp

von 1990 **bis** 1994

mit zehn Jahre**n** = ich war zehn Jahre alt

2 d) Wann war das? Vor wie vielen Jahren? Schreiben Sie die Zahlen in Worten.

1. Sara ist heute 25 Jahre alt. Mit zehn Jahren hat sie gesagt: „Ich möchte mit Tieren arbeiten!“ Das hat sie *vor fünfzehn Jahren* gesagt.
2. Ich bin heute 30 Jahre alt. Ich habe mit 20 meine Arbeit angefangen. Das war ______ __________ __________.
3. Heute bin ich 43 Jahre alt. Mit drei Jahren bin ich in den Kindergarten gekommen. Das war ______ __________ __________.
4. Heute bin ich 85 Jahre alt. Ich arbeite nicht mehr! Mit 65 Jahren bin ich in Rente gegangen. Das war ______ __________ __________.

Tipp

Vor *oder* seit?
vor: *Zeitpunkt (Moment) in der Vergangenheit*
Sara **hat** die Ausbildung vor vier Jahren **beendet**. → *Verb im Perfekt*

seit: *Die Handlung hat in der Vergangenheit begonnen, dauert aber in der Gegenwart noch an (Kontinuität).*
Sie **arbeitet** seit drei Jahren in Wuppertal. → *Verb im Präsens*

2 e) *Seit* oder *vor*? Setzen Sie ein.

1. *Seit* wann bist du verheiratet?
2. Ich habe ______ zwei Monaten geheiratet.
3. Sie lebt ______ zehn Jahren in Zürich.
4. Unsere Tante wohnt schon ______ vier Wochen bei uns!
5. ______ einer Woche haben wir neue Nachbarn bekommen.
6. Mein Großvater ist ______ 80 Jahren geboren.
7. Schon ______ 20 Jahren habe ich bei dieser Firma angefangen.
8. Ich arbeite schon ______ 1995 bei der gleichen Firma.

H3 Ein Termin – viele Termine!

3 a) Welcher Tag ist heute? Ordnen Sie die Wochentage.

Mittwoch • Samstag • Freitag • Dienstag • Sonntag • Donnerstag • ~~Montag~~

1. Montag
2. ____________
3. ____________
4. ____________
5. ____________
6. ____________
7. ____________

3 b) Wie heißen die Monate? Ordnen Sie.

April • August • Juni • Juli • Dezember • Februar • Mai • Oktober •
März • ~~Januar~~ • September • November

1. Januar
2. ____________
3. ____________
4. ____________
5. ____________
6. ____________
7. ____________
8. ____________
9. ____________
10. ____________
11. ____________
12. ____________

3 c) Der Wievielte ist heute? Sehen Sie in den Kalender und schreiben Sie das Datum in Worten.

September					
Mo		3	10	17	24
Di		4	11	18	25
Mi		5	12	19	26
Do		6	13	20	27
Fr		7	14	21	28
Sa	1	8	15	22	29
So	2	9	16	23	30

Tipp

1–19 der ...**te**
> 20 der ...**ste**

Vorsicht:

1	eins	→	1. der **ers**te
3	drei	→	3. der **drit**te
7	sieben	→	7. der **sieb**te

1. 04.09. *Heute ist Dienstag, der vierte September.*
2. 19.09. ____
3. 08.09. ____
4. 23.09. ____
5. 06.09. ____
6. 17.09. ____
8. 21.09. ____
2. 25.09. ____

3 d) Wann ist der Termin? Lesen Sie die Beispiele.

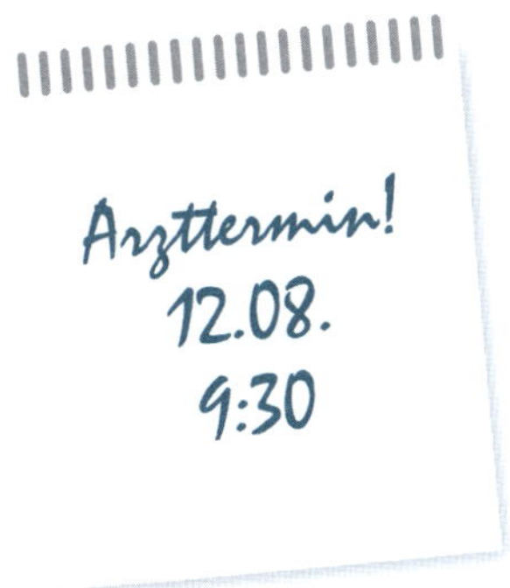

Wann?
Der Arzttermin ist **am** zwölf**ten** August **um** neun Uhr dreißig.

Von wann bis wann?
Der Computerkurs ist **vom** zwölf**ten** August **bis zum** sechzehn**ten** August, **von** neun Uhr dreißig bis **zwölf** Uhr.

3 e) Schreiben Sie die Termine in Worten.

1
Konzert
23.02.
20:00

2
Abendessen
bei
Tom und Sara
25.10.
19:00

3
Geburtstagsfeier
von Lea
15.04.
19:30

4

5
Deutschkurs
10.01.–05.02.
08:30–12:45

6
Sprechstunde
von Timos
Lehrerin
08.03.
13:30–14.30

7
Urlaub!
28.07.–13.08.

1. *Das Konzert ist am dreiundzwanzigsten Februar um zwanzig Uhr.*
2. *Das Abendessen* ____________________
3. ____________________
4. *Ich muss am* ____________________ *das Auto aus der Werkstatt holen.*
5. ____________________
6. ____________________
7. ____________________

H4 Deutsch lernen macht Spaß

„Erste Hilfe" ✚ zum Deutschlernen – Sortieren Sie die Antworten zu den vier Problemen! Manchmal passt eine Antwort auch für zwei oder drei Probleme.

Ich mache mit Freunden einen Kurs. Das macht mehr Spaß als allein. • ~~Ich kaufe ein Wörterbuch~~ • Ich kaufe ein Grammatikbuch mit Kommentar in meiner Sprache. • Ich frage meine Deutschlehrerin. • Ich mache einen Lernplan: Jeden Tag ein bisschen lernen! • Ich frage meine Kollegen im Deutschkurs. • Ich mache einen Deutschkurs. • Ich mache etwas, das ich gern mache: Ich sehe einen deutschen Film, höre deutsche Musik, lese ein deutsches Buch ... • Ich suche eine Person, die meine Sprache lernt. Wir sprechen eine halbe Stunde Deutsch, dann eine halbe Stunde meine Sprache. • Ich frage meine Deutschlehrerin. • Ich sehe die Grammatik in meinem Deutschbuch an. • (In Deutschland, Österreich, der Schweiz): Ich mache einen Computerkurs oder einen Kochkurs und spreche mit den Leuten dort.

1. Problem: Ich verstehe ein Wort nicht.
Was kann ich tun?

– *Ich kaufe ein Wörterbuch.*
– ______
– ______

2. Problem: Ich verstehe die Grammatik nicht.
Was kann ich tun?

– ______
– ______
– ______

3. Problem: Ich kann nicht Deutsch sprechen.
Was kann ich tun?

– ______
– ______
______
– ______
______

4. **Problem: Deutsch lernen macht mir nicht so viel Spaß.
Was kann ich tun?**

– ____

____

– ____

– ____

**Welche Tipps finden Sie gut? Welche möchten Sie probieren?
Markieren Sie diese Tipps!**

**Viel Spaß
beim
Deutschlernen!!!**

Lösungen

A Personen

A1

A1a) 1. Tina; England; London 2. heiße Ricardo; komme aus Argentinien; wohne in Buenos Aires 3. ein Mann; Erkan; aus der Türkei; in Frankfurt 4. ist eine Frau; heißt Susan; kommt aus Australien; wohnt in Berlin

A1b)

	heißen	kommen	wohnen	sein
ich	heiße	komme	wohne	bin
du	heißt	kommst	wohnst	bist
er, sie	heißt	kommt	wohnt	ist

A1c) 1. sind; kommen; wohnen 2. seid; kommt; wohnt 3. sind; kommen; wohnen

A1d)

	kommen	wohnen	sein
wir	kommen	wohnen	sind
ihr	kommt	wohnt	seid
sie	kommen	wohnen	sind

A1e) 1. Ich komme aus Italien. 2. Er wohnt in Österreich. 3. Sie heißt Isabel. 4. Wir wohnen in München. 5. Eva und Anton wohnen in Köln. 6. Er kommt aus Norwegen. 7. Du wohnst in Madrid. 8. Ihr kommt aus Russland.

A2

A2b) **Familienname:** Becker; **Vorname:** Susanne;
Geschlecht: w
Geburtsdatum: 05.04.1979
Geburtsort: Hamburg; **erwerbstätig:** nein
Kinder: ja
(1. Kind) Familien- und Vorname: Becker Paul; **Geburtsjahr:** 2002; **Geschlecht:** m
(2. Kind) Familien- und Vorname: Becker Anna; **Geburtsjahr:** 2004, **Geschlecht:** w
Ehemann:
Familienname: Becker; **Vorname:** Marc;
Geschlecht: m
Geburtsdatum: 28.09.1977
Geburtsort: Bielefeld; **erwerbstätig:** ja

A2c) Das ist Familie Aydin. Osman ist am 21.06.1973 in Ankara geboren.
Er arbeitet. (Er ist erwerbstätig.)
Gülan Aydin ist am 01.02.1972 in Istanbul geboren. Sie arbeitet auch. (Sie ist auch erwerbstätig.)
Osman und Gülan haben ein Kind (eine Tochter): Yara, geboren 1999.

A3

A3a) wie/heißt/du/mein/name/ist/paul/er/kommt/aus/münchen/was/ist/sie/von/beruf/sie/ist/lehrerin/guten/tag/frau/müller/wie/geht/es/ihnen/danke/gut/und/ihnen/wer/ist/das/das/ist/petra/ist/das/ihre/tasche/ja/das/ist/meine

A3b) 1. ● Wie heißt du? – ■ Mein Name ist Paul. 2. Er kommt aus München. 3. ● Was ist sie von Beruf? – ■ Sie ist Lehrerin. 4. ● Guten Tag, Frau Müller! Wie geht es Ihnen? – ■ Danke, gut. Und Ihnen? 5. ● Wer ist das? – ■ Das ist Petra. 6. ● Ist das Ihre Tasche? – ■ Ja, das ist meine.

A3c) **D**as ist eine **S**tadt. **D**ie **S**tadt heißt **S**alzburg. **H**ier gibt es viele **T**ouristen, viele **M**useen und viel **M**usik. **H**err **M**üller und **F**rau **M**üller gehen heute in ein **K**onzert. **D**ie **K**arten sind nicht teuer.

A4

A4a) **formell:** Leute auf der Straße; Kunde und Verkäuferin; Mitarbeiter und Chef
informell: Freunde; Familie; gute Kollegen

A4b) **formell:**

● Guten Tag, wie geht es Ihnen?
■ Danke, gut, und Ihnen?
● Auch gut, danke.

informell:

● Hallo, wie geht's?
■ Danke, gut, und dir?
● Auch gut, danke.

A4c) ☺ ←------→ ☹

sehr gut | gut | es geht | nicht so gut | schlecht

B Dinge

B1

B1b) 1. eine Straße; Die Straße 2. ein Auto; Das Auto 3. ein Markt; Der Markt 4. ein Geschäft; Das Geschäft 5. Häuser; Die Häuser 6. ein Platz; Der Platz 7. ein Büro; Das Büro 8. ein Pullover; Der Pullover 9. Schuhe; Die Schuhe 10. eine Tasche; Die Tasche

B2

1. Nein, das ist kein Buch, das ist ein Heft. 2. Nein, das ist keine Tasche, das ist eine Tüte. 3. Nein, das ist kein Messer, das ist eine Schere. 4. Nein, das ist keine Schere, das ist ein Schlüssel. 5. Nein, das ist keine Tüte, das ist ein Rucksack. 6. Nein, das ist keine Zeitung, das ist eine Zeitschrift. 7. Nein, das ist kein Telefon, das ist ein Computer. 8. Nein, das sind keine Schuhe, das sind Socken.

B3

1. Die Digitalkamera kostet 169 Euro. Mit der Digitalkamera kann man Fotos machen. 2. Der Computer kostet 699 Euro. Mit dem Computer kann man Texte schreiben und im Internet surfen. 3. Der Drucker kostet 89 Euro. Mit dem Drucker kann man Texte oder Fotos drucken. 4. Das Handy kostet 79 Euro. Mit dem Handy kann man telefonieren und Nachrichten schreiben. 5. Der MP3-Player kostet 45 Euro. Mit dem MP3-Player kann man Musik hören. 6. Die Waschmaschine kostet 399 Euro. Mit der Waschmaschine kann man Wäsche waschen. 7. Der DVD-Player kostet 149 Euro. Mit dem DVD-Player kann man DVDs ansehen. 8. Der LCD-Fernseher kostet 559 Euro. Mit dem LCD-Fernseher kann man fernsehen.

B4

B4b)

1. ● Hast du eine Waschmaschine?
   ■ Ja, ich habe eine Waschmaschine. Und du?
   ● Ich habe keine Waschmaschine.

2. ● Hast du einen Fernseher?
   ■ Ja, ich habe einen Fernseher. Und du?
   ● Ich habe keinen Fernseher.

3. ● Hast du ein Handy?
   ■ Ja, ich habe ein Handy. Und du?
   ● Ich habe kein Handy.

4. ● Hast du eine Mikrowelle?
   ■ Ja, ich habe eine Mikrowelle. Und du?
   ● Ich habe keine Mikrowelle.

5. ● Hast du einen Drucker?
   ■ Ja, ich habe einen Drucker. Und du?
   ● Ich habe keinen Drucker.

6. ● Hast du einen DVD-Player?
   ■ Ja, ich habe einen DVD-Player. Und du?
   ● Ich habe keinen DVD-Player.

7. ● Hast du ein Auto?
   ■ Ja, ich habe ein Auto. Und du?
   ● Ich habe kein Auto.

8. ● Hast du ein Fahrrad?
   ■ Ja, ich habe ein Fahrrad. Und du?
   ● Ich habe kein Fahrrad.

B5

B5a)

ich Ja, das ist mein Schlüssel. Ja, das ist meine Tasche. Ja, das ist mein Buch. Ja, das sind meine Bücher.

du Nein, das ist dein Schlüssel. Nein, das ist deine Tasche. Nein, das ist dein Buch. Nein, das sind deine Bücher.

er Nein, das ist sein Schlüssel. Nein, das ist seine Tasche. Nein, das ist sein Buch. Nein, das sind seine Bücher.

sie Nein, das ist ihr Schlüssel. Nein, das ist ihre Tasche. Nein, das ist ihr Buch. Nein, das sind ihre Bücher.

B5b) 1. Das ist mein Haus. 2. Das ist sein Auto. 3. Das ist dein Stift. 4. Das ist meine Jacke. 5. Das ist ihr Handy. 6. Das sind seine Hefte. 7. Das ist deine Tasse. 8. Das sind ihre Schuhe.

B5c) 1. Ist das Ihr Pass? 2. Ist das Ihr Auto? 3. Ist das Ihre Adresse? 4. Ist das Ihre Telefonnummer? 5. Ist das Ihr Stift? 6. Ist das Ihre Uhr? 7. Ist das Ihre Tasche? 8. Sind das Ihre Bücher?

B5d) 1. Ich muss in die Stadt fahren, aber ich habe kein Fahrrad! Kannst du mir dein Fahrrad leihen, bitte? 2. Ich verstehe ein Wort nicht, aber ich habe kein Wörterbuch! Kannst du mir dein Wörterbuch leihen, bitte? 3. Ich muss telefonieren, aber ich habe kein Handy! Kannst du mir dein Handy leihen, bitte? 4. Mir ist kalt, aber ich habe keinen Pullover! Kannst du mir deinen Pullover leihen, bitte? 5. Ich muss einkaufen, aber ich habe keine Kreditkarte! Kannst du mir deine Kreditkarte leihen, bitte?

B5e) 1. (du) Bitte, kannst du mir das Salz geben? (Sie) Bitte, können Sie mir das Salz geben? 2. (du) Bitte, kannst du mir Papier geben? (Sie) Bitte, können Sie mir Papier geben? 3. (du) Bitte, kannst du mir das Brot geben? (Sie) Bitte, können Sie mir das Brot geben? 4. (du) Bitte, kannst du mir deine Telefonnummer geben? (Sie) Bitte, können Sie mir Ihre Telefonnummer geben? 5. (du) Bitte, kannst du mir helfen? (Sie) Bitte, können Sie mir helfen? 6. (du) Bitte, kannst du das Fenster aufmachen? (Sie) Bitte, können Sie das Fenster aufmachen? 7. (du) Bitte, kannst du das Fenster zumachen? (Sie) Bitte, können Sie das Fenster zumachen?

C Alltag

C1

C1a) 1. Arztpraxis 2. Sprachschule 3. Supermarkt 4. Friseur 5. Meldeamt 6. Obst- und Gemüseladen

C1b)

können	**müssen**
ich kann	ich muss
du kannst	du musst
er, sie, es kann (kein *-t*!)	er, sie, es muss (kein *-t*!)
wir können	wir müssen
ihr könnt	ihr müsst
sie, Sie können	sie, Sie müssen

C1c) 1. Ich muss um 9 Uhr zur Sprechstunde kommen. 2. Du kannst dich hier zum Sprachkurs anmelden. 3. Martin muss in den 3. Stock gehen. 4. Wir können dort billig einkaufen. 5. Toni und Ella müssen mehr als 20 Euro bezahlen. 6. Barbara kann eine E-Mail ans Meldeamt schreiben. 7. Ihr müsst dort vor 17 Uhr anrufen. 8. Du kannst hier Obst und Gemüse kaufen.

C2

C2a)

wollen	**dürfen**
ich will	ich darf
du willst	du darfst
er, sie, es will (kein *-t*!)	er, sie, es darf (kein *-t*)
wir wollen	wir dürfen
ihr wollt	ihr dürft
sie, Sie wollen	sie, Sie dürfen

C2b) 1. will; darf 2. will; darf 3. will; darf 4. wollt; dürft 5. dürfen 6. Wollen; dürfen 7. willst; darfst 8. Darf; darf

C3

C3a) 1. Julie steht um halb sieben auf. 2. Dann frühstückt sie. 3. Um acht Uhr geht sie in die Sprachschule. 4. In der Schule lernt sie Wörter und Grammatik. 5. Der Kurs fängt um halb neun an und er ist um eins zu Ende. 6. Dann geht sie nach Hause und kocht das Mittagessen. 7. Am Nachmittag geht sie spazieren oder sie kauft ein. 8. Am Nachmittag macht sie auch die Hausaufgaben für morgen. 9. Sie isst um sieben und sie geht um elf ins Bett. 10. Sie schläft bald und sie träumt auf Deutsch!

C3b) 1. Wann stehst du auf? 2. Wann gehst du zur Arbeit? 3. Was machst du am Vormittag? 4. Wann isst du zu Mittag? 5. Was machst du am Nachmittag? 6. Wann isst du zu Abend? 7. Wann gehst du ins Bett?

C3c) 1. Gehst du auch in eine Sprachschule? 2. Lernst du auch Wörter und Grammatik? 3. Kochst du auch das Mittagessen? 4. Gehst du auch spazieren? 5. Machst du auch Hausaufgaben? 6. Träumst du auch auf Deutsch?

C3d) 1. Ich stehe um sieben auf. 2. Ich gehe um neun zur Arbeit. 3. Ich esse um eins zu Mittag. 4. Ich gehe am Nachmittag spazieren. 5. Ich sehe am Abend fern. 6. Ich gehe um elf ins Bett.

C3e) 1. **A** Ich stehe um sieben auf. **B** Um sieben stehe ich auf. 2. **A** Ich gehe um neun zur Arbeit. **B** Um neun gehe ich zur Arbeit. 3. **A** Ich esse um eins zu Mittag. **B** Um eins esse ich zu Mittag. 4. **A** Ich gehe am Nachmittag spazieren. **B** Am Nachmittag gehe ich spazieren. 5. **A** Ich sehe am Abend fern. **B** Am Abend sehe ich fern. 6. **A** Ich gehe um elf ins Bett. **B** Um elf gehe ich ins Bett.

C4

C4a) ① Liebe Lisa,
es ist schon elf Uhr abends, aber ich möchte Dir noch schreiben. Mein Tag heute war wirklich stressig!
③ Ich bin wie immer um sechs Uhr aufgestanden und habe Frühstück gemacht. Sandra ist heute acht Jahre alt geworden und wir haben ihr natürlich zum Geburtstag gratuliert. Dann habe ich sie in die Schule und Tim in den Kindergarten gebracht.
⑦ Paul ist heute Vormittag für drei Tage nach Köln gefahren, er trifft dort Kollegen. Ich habe seinen Koffer fertig gepackt.
⑤ Das war alles ziemlich normal. Aber dann! Die Kinder sind nach Hause gekommen und haben gefragt: „Hast du schon alles für die Party vorbereitet?“ Natürlich nicht, denn ich hatte keine Zeit! Also haben wir zusammen einen Kuchen gebacken und den Kartoffelsalat gemacht. Die Würstchen habe ich schon gestern eingekauft.
② Um drei Uhr war ich total müde, aber da hat die Party angefangen! Neun Kinder sind gekommen. Wir haben viele Spiele gemacht, Kuchen gegessen und Kakao getrunken. Es war sehr lustig. Aber jetzt möchte ich eine Woche Urlaub!
⑥ Um acht waren alle weg. Da hat Paul angerufen. Er hat gesagt: „Schade, ihr habt Geburtstag gefeiert und ich war nicht da!“ Ich habe gesagt: „Nächstes Jahr kannst du ja alles organisieren!“
④ Jetzt habe ich alles aufgeräumt und Dir schnell geschrieben. Wie geht es Dir, Lisa? Du hattest sicher einen ruhigen Tag! Schreib mir bald!
Viele Grüße
Anita

C4b) 1. falsch 2. richtig 3. falsch 4. richtig 5. falsch 6. falsch 7. falsch 8. richtig

C4c) 1. sein 2. aufstehen 3. machen 4. werden 5. gratulieren 6. bringen 7. fahren 8. packen 9. sein 10. kommen 11. fragen 12. vorbereiten 13. haben 14. backen 15. machen 16. einkaufen 17. anfangen 18. kommen 19. machen 20. essen 21. trinken 22. anrufen 23. sagen 24. feiern 25. aufräumen 26. schreiben 27. haben

C4d) Liebe Anita,
danke für Deine E-Mail! Du Arme – Dein Tag war wirklich stressig!
Aber mein Tag war auch nicht so ruhig!
Am Morgen bin ich ins Büro gegangen, wie immer. Ich habe mit Kunden telefoniert und E-Mails geschrieben.
Mittags bin ich mit einer Kollegin essen gegangen. Du kennst doch das kleine italienische Restaurant in der Nähe von meinem Büro. Ich habe Pizza und einen Salat gegessen und eine Cola getrunken.
Wir haben eine Stunde Mittagspause gemacht.
Um zwei bin ich ins Büro zurückgekommen und das Internet hat nicht funktioniert! Das Problem haben wir oft. Wir haben einen Techniker gerufen. Er hat gesagt, wir müssen alles neu installieren!
Mein Chef hat gesagt, ich kann nach Hause gehen. Ein freier Nachmittag! Und was habe ich gemacht? Ich habe aufgeräumt und die Wohnung geputzt.
Danach war ich so müde! Ich bin um neun ins Bett gegangen und habe auch nicht mehr ferngesehen. …

D Essen und Trinken

D1

D1a) 1. ein Kilo 2. eine Flasche (ein Liter) 3. ein Liter (eine Flasche) 4. hundert Gramm 5. ein Glas 6. eine Packung 7. ein Kasten 8. ein Becher 9. eine Dose

D1b) 1. Was kostet ein Kilo Bananen? – Ein Kilo Bananen kostet 1,19 Euro. 2. Was kosten zwei Kilo Kartoffeln? – Zwei Kilo Kartoffeln kosten 1,49 Euro. 3. Was kosten hundert Gramm Käse? – Hundert Gramm Käse kosten 1,39 Euro. 4. Was kostet eine Packung Nudeln? – Eine Packung Nudeln kostet 1,39 Euro. 5. Was kostet ein Glas Honig? Ein Glas Honig kostet 3,49 Euro. 6. Was kostet ein Becher Joghurt? – Ein Becher Joghurt kostet 39 Cent. 7. Was kostet eine Dose Tomaten? – Eine Dose Tomaten kostet 59 Cent.

D2

D2a) 1. falsch 2. falsch (Wurst) 3. richtig 4. falsch 5. richtig 6. falsch 7. richtig 8. richtig 9. falsch 10. falsch 11. falsch (drei Sorten) 12. richtig 13. falsch

D2b) 1. Die Frau trinkt einen Apfelsaft und isst ein Schinkenbrot. Das Mädchen trinkt eine Limonade und isst einen Apfelkuchen. 2. Die erste Frau trinkt einen Cappuccino und isst einen Windbeutel. Die andere Frau trinkt einen Tee. 3. Die Frau trinkt ein Mineralwasser und isst einen Salat. Der Mann trinkt ein Bier und isst zwei Wiener Würstchen. 4. Die Mutter trinkt einen Kaffee und isst einen Schokoladenkuchen. Der Vater trinkt ein Mineralwasser und isst Spaghetti. Der Sohn trinkt eine Cola und isst eine Erdbeertorte. Die Tochter trinkt einen Orangensaft und isst ein Käsebrot.

D3

D3a) 1. Brot, Knödel, Schweinebraten 2. Gulasch, Schnitzel, Mehlspeisen 3. Käsefondue, Rösti, Schokolade

D3c) 1. immer 2. manchmal 3. meistens 4. oft 5. selten 6. nie 7. oft

D3d) 100 % immer; 80 % meistens; 60 % oft; 30 % manchmal; 10 % selten; 0 % nie

D3e) 1. immer 2. oft 3. manchmal 4. nie 5. selten 6. manchmal 7. meistens 8. oft

E Wohnen

E1

E1a) 1. falsch 2. richtig 3. falsch 4. falsch 5. falsch 6. richtig

E1b) 1. Ich wohne in einem Mietshaus. 2. Ich wohne in einem Hochhaus. 3. Du wohnst in einem Reihenhaus. 4. Er wohnt in einem Studentenheim. 5. Sie wohnt in einer Villa. 6. Wir wohnen in einem Wohnblock. 7. Ihr wohnt in einer Großstadt. 8. Sie wohnen in einem Dorf.

E1c) 1. Es gibt hier ein Kino. – Hier gibt es ein Kino. 2. Es gibt da viele Geschäfte. – Da gibt es viele Geschäfte. 3. Es gibt hier einen Park. – Hier gibt es einen Park. 4. Es gibt dort ein Internetcafé. – Dort gibt es ein Internetcafé. 5. Es gibt da ein Fahrradgeschäft. – Da gibt es ein Fahrradgeschäft. 6. Es gibt hier eine Apotheke. – Hier gibt es eine Apotheke. 7. Es gibt da eine Bank. – Da gibt es eine Bank.

E1d) 1. Gibt es hier ein Kino? 2. Gibt es da viele Geschäfte? 3. Gibt es hier einen Park? 4. Gibt es dort ein Internetcafé? 5. Gibt es da ein Fahrradgeschäft? 6. Gibt es hier eine Apotheke? 7. Gibt es da eine Bank?

E2

E2a) 1. 830 Euro; 75 m^2; vier; in Düsseldorf-Oberkassel; ab sofort 2. 569 Euro; 65 m^2; zwei; am Volksgarten; ab 30.11. 3. 485 Euro; 45 m^2; eins (ein Zimmer); in Düsseldorf-Grafenberg; ab 1.11. 4. 690 Euro; 85 m^2; vier; in Düsseldorf-Lohausen, Nähe Flughafen; ab sofort 5. 785 Euro; 70 m^2; zwei; in Düsseldorf-Urdenbach; ab 1.11 oder 1.12.

E2b) 1. d) Familie Roth 2. c) Herr und Frau Marbach 3. a) Leo Wirth 4. b) Familie Sauer 5. e) Frau Messner

E3

E3a) ② Düsseldorf, 5. Dezember 2016
Liebe Tina, lieber Carlo,
endlich haben wir eine neue Wohnung!
Wir haben so lange gesucht. Jetzt wohnen wir direkt am Volksgarten!
① Wir möchten euch für Samstagabend, den 12. Dezember zur Einweihungsparty einladen. Die Party fängt um 20:00 Uhr an. Wir machen ein Büffet!
④ Habt ihr Zeit? Hoffentlich! Bitte ruft uns an oder schreibt uns eine E-Mail.
③ Liebe Grüße und bis bald
Inge und Klaus

E3b) ④ Düsseldorf, 05.12.2016
Sehr geehrter Herr Meinecken,
① seit 01.12. wohnen wir in Ihrer Wohnung, Brinckmannstr. 12, 3. Stock.
Die Wohnung gefällt uns sehr gut.
③ Leider gibt es ein paar technische Probleme. Das haben wir bei unserer Besichtigung am 22.11. nicht gesehen.
② 1. Die Heizung funktioniert nicht richtig! Wir haben maximal 17 Grad in der Wohnung.
2. Aus der Spüle in der Küche läuft Wasser aus!
⑤ Wir können Sie telefonisch nicht erreichen. Können Sie uns bitte helfen?
Vor allem die Heizung ist wichtig. Es wird jetzt ziemlich kalt.
⑦ Bitte rufen Sie uns schnell an oder kommen Sie vorbei!
Unsere Telefonnummer haben Sie.
⑥ Mit freundlichen Grüßen
Inge und Klaus Marbach

E3c) 1. richtig 2. falsch 3. falsch 4. richtig 5. richtig 6. richtig 7. falsch 8. falsch

E3d)

> Die Anredepronomen *du, dich, dir* und *ihr, euch, euch* sind in dieser Lösung kleingeschrieben. Sie können Sie aber auch großschreiben, wenn es sich um Briefe, Karten und E-Mails handelt, so wie hier:
> *Wir möchten Dich herzlich einladen.*
> *Ich lade Euch zu meiner Party ein.*

1 ... wie geht es euch?
Ich lade euch herzlich zu meiner Geburtstagsparty am Freitag, den 7. Februar ein. Beginn ist 20 Uhr.
Habt ihr Zeit?
Bitte antwortet mir bis zum 1. Februar oder ruft mich an. ...

2. ... wir möchten dich herzlich zu unserem jährlichen Sommerfest einladen!
Es findet dieses Jahr am 20. Juli statt. Um 18 Uhr fangen wir an!
Kannst du auch etwas fürs Büffet mitbringen?
Hoffentlich kannst du kommen! Schreib uns doch eine E-Mail oder ruf uns an! ...

3. ... Sie können mir gratulieren – am 30. Mai werde ich 50 Jahre alt! Das möchte ich mit Ihnen feiern. Und zwar in der Mittagspause. Es gibt Prosecco und kleine Häppchen.
Haben Sie Zeit? Bitte rufen Sie mich doch kurz zurück oder schreiben Sie mir eine Mail. ...

E3e) 1. dir; ihm 2. sie 3. ihr 4. ihn 5. ihnen 6. ihn; ihr

F Freizeit und Hobby

F1

F1a) 1. Sport: Fußball spielen; joggen; Fahrrad fahren; Tennis spielen; schwimmen 2. Natur: in den Park gehen; im Garten arbeiten; spazieren gehen 3. Musik: Musik hören; ins Konzert gehen; Gitarre spielen; tanzen 4. Kultur: ins Kino gehen; ein Buch lesen; ins Museum gehen; einen Film sehen 5. Familie und Freunde: Karten spielen; ins Café gehen; grillen; eine Party machen

> Manchmal kann es auch mehrere Lösungen geben: ins Kino gehen passt zum Beispiel nicht nur zum Thema „Kultur", sondern auch zu „Familie und Freunde".

F1b) 1. Sara geht gern ins Café, sie mag Fußball und sie tanzt gern. 2. Tom spielt gern Volleyball, er mag Autos und er fotografiert gern. 3. Lena grillt gern, sie arbeitet gern im Garten und sie reist gern. 4. Barbara schwimmt gern, sie mag Musik und sie kocht gern. 5. Marc spielt gern Fußball und er geht gern in den Park. 6. Annette mag Partys, sie geht gern spazieren und sie spielt gern Karten.

F1c) 1. Ich schwimme gern, ich tanze noch lieber, aber am liebsten reise ich. 2. Du joggst gern, du spielst noch lieber Fußball, aber am liebsten spielst du Volleyball. 3. Wir spielen gern Karten, wir spielen noch lieber am Computer, aber am liebsten sehen wir einen Film. 4. Barbara hört gern Musik, sie tanzt noch lieber, aber am liebsten geht sie ins Restaurant. 5. Sara und Annette gehen gern ins Café, sie gehen noch lieber spazieren, aber am liebsten gehen sie auf Partys.

F2

F2a) 1. i) 2. b) 3. c) 4. e) 5. h) 6. j) 7. g) 8. a) 9. d) 10. f)

F2b) **Nachrichten:** Tagesschau; heute; RTL aktuell
Doku und Reportage: W wie Wissen; Weltspiegel; ZDF-Reportage
Sportsendung: Sportschau; ZDF-Sportreportage
Reality-Show: Schwiegertochter gesucht
Spielfilm: Inga Lindström: Mia und ihre Schwestern; Lara Croft
Krimi: Tatort

F2c) 1.
● Was kommt heute Abend im Fernsehen? (identisch bei 1. bis 5.)
■ Um 18 Uhr kommt eine Sportsendung.
● Möchtest du die Sportsendung sehen?
■ Ja, gern! (identisch bei 1. bis 5.)

2. ... ■ Um 19 Uhr 10 kommt ein Politmagazin.
● Möchtest du das Polit-Magazin sehen? ...

3. ... ■ Um 17 Uhr 10 kommt ein Trickfilm.
● Möchtest du den Trickfilm sehen? ...

4. ... ■ Um 20 Uhr kommen Nachrichten.
● Möchtest du die Nachrichten sehen? ...

F3

F3b) 1.
● Was machen wir heute?
■ Es ist warm. Wir können ins Schwimmbad gehen.
● Gut, gehen wir ins Schwimmbad zum Schwimmen.

2.
● Was machen wir heute?
■ Es schneit. Wir können in die Berge fahren.
● Gut, fahren wir in die Berge zum Skifahren.

3.
● Was machen wir heute?
■ Es regnet. Wir können ins Kaufhaus gehen.
● Gut, gehen wir ins Kaufhaus zum Einkaufen.

4.
● Was machen wir heute?
■ Ich brauche Bewegung. Wir können in den Park gehen.
● Gut, gehen wir in den Park zum Joggen.

5. ● Was machen wir heute Mittag?
   ■ Das Wetter ist gut. Wir können in den Garten gehen.
   ● Gut, gehen wir in den Garten zum Grillen.

6. ● Was machen wir heute Abend?
   ■ Ein guter Film kommt. Wir können zu Hause bleiben.
   ● Gut, bleiben wir zu Hause zum Fernsehen.

F3c) 1. Ich gehe in die Stadt. 2. Du gehst ins Büro. 3. Marc geht in den Supermarkt. 4. Lena geht ins Elektrogeschäft. 5. Stefan geht in die Bäckerei. 6. Sandra geht ins Fitness-Studio. 7. Ihr geht in die Arbeit. 8. Babs und Timo gehen in den Deutschkurs.

F3d) 1. Am Donnerstag gehen wir in die Pinakothek, in den Englischen Garten und ins Stadtmuseum. 2. Am Freitag gehen wir in die Frauenkirche, auf den Viktualienmarkt und an die Isar. 3. Am Samstag fahren wir auf den Olympiaturm, ins Olympiastadion und an den Starnberger See. 4. Am Sonntag gehen wir ins Deutsche Museum, in die Allianz-Arena und ins Hofbräuhaus.

F4

F4a) 1. ● Wo warst du am Wochenende, Sara?
   ■ Ich war im Schwimmbad.
   ● Und wie war es? ■ Es war schön!

2. ● Wo warst du am Wochenende, Timo?
   ■ Ich war in der Kneipe.
   ● Und wie war es?
   ■ Es war voll und laut!

3. ● Wo warst du am Wochenende, Katja?
   ■ Ich war in den Bergen.
   ● Und wie war es? ■ Es war gut!

4. ● Wo warst du am Wochenende, Ben?
   ■ Ich war am See.
   ● Und wie war es? ■ Es war toll!

5. ● Wo waren Sie am Wochenende, Herr Müller? ■ Ich war im Park.
   ● Und wie war es? ■ Es war schön!

6. ● Wo wart ihr am Wochenende, Lea und Roman?
   ■ Wir waren auf einer Party.
   ● Und wie war es? ■ Es war lustig!

7. ● Wo warst du am Wochenende, Marc?
   ■ Ich war zu Hause.
   ● Und wie war es? ■ Es war langweilig!

F4c)

Infinitiv	**Perfekt**
gehen	ist gegangen
schmecken	hat geschmeckt
kommen	ist gekommen
anrufen	hat angerufen
antworten	hat geantwortet
lernen	hat gelernt
sehen	hat gesehen
aufwachen	ist aufgewacht
fahren	ist gefahren
frühstücken	hat gefrühstückt
machen	hat gemacht
ansehen	hat angesehen

F4d) Lieber Ben,

ich habe deine E-Mail gelesen und ich muss sagen: Du bist sehr aktiv!
Ich habe am Wochenende gar nichts gemacht. Langweilig! Aber ich hatte viel Zeit, das war auch schön.
Am Freitagabend war ich total müde. Ich habe ein bisschen ferngesehen (einen Krimi) und bin schon um zehn ins Bett gegangen.
Am Samstag habe ich lange geschlafen, bis elf Uhr! Ich habe schnell eingekauft. Dann habe ich gekocht. Ich koche am Wochenende gern, denn ich muss von Montag bis Freitag in der Kantine essen.
Ich habe aber nicht allein gegessen: Timo ist gekommen. Er hat von eurem Abend in der Disco erzählt. Ich bin immer gut informiert, wie du siehst!
Heute habe ich mal wieder die Wohnung sauber gemacht. Dann habe ich ein Buch gelesen. Am Abend habe ich lange mit Sylvia telefoniert. Du weißt, ich habe sie letztes Jahr im Urlaub getroffen. Vielleicht besucht sie mich mal. ...

G Unterwegs

G1

G1a) 1. Geschäftsreise 2. Familientreffen
3. Urlaubsreise

G1b) **Herr Obermeier:**
1. Herr Obermeier kauft eine Zugfahrkarte.
2. Er reserviert einen Platz im Zug.
3. Er nimmt Dokumente und Papiere mit.
4. Er liest im Zug das Protokoll vom letzten Treffen. 5. Er trifft seine Kollegen. 6. Er spricht mit den Kollegen über die Arbeit.
7. Er fährt wieder nach Hause.

Frau Hummels Kinder:
1. Frau Hummels Kinder kaufen ein Geschenk. 2. Sie backen einen Kuchen.
3. Sie fahren mit dem Auto nach Köln.
4. Sie sagen: „Alles Gute zum Geburtstag!"
5. Sie trinken Kaffee und essen Kuchen.
6. Sie machen viele Familienfotos.
7. Sie fahren wieder nach Hause.

Eva und Sven:
1. Eva und Sven lesen Reiseprospekte.
2. Sie buchen das Hotel und den Flug.
3. Sie packen den Koffer. 4. Sie fliegen nach Spanien. 5. Sie gehen an den Strand.
6. Sie liegen in der Sonne und schwimmen im Meer. 7. Sie fliegen wieder nach Hause.

G1c) 1. ● Wohin fährst du?
(identisch bei 1. bis 8.)
■ Ich fahre nach Berlin.
● Nimm einen Stadtplan mit!

2. ... ■ Ich fahre nach Süditalien.
● Pack einen Sonnenhut ein!

3. ... ■ Ich fahre nach London.
● Nimm einen Regenschirm mit!

4. ... ■ Ich fahre in die Türkei.
● Pack Badesachen ein!

5. ... ■ Ich fahre in die Schweiz.
● Nimm Schweizer Franken mit!

6. ... ■ Ich fahre nach Paris.
● Pack den Fotoapparat ein!

7. ... ■ Ich fahre nach Schottland.
● Nimm eine warme Jacke mit!

8. ... ■ Ich fahre nach Deutschland.
● Pack ein Wörterbuch ein!

G2 1. Lisa fährt mit dem Fahrrad zur Arbeit.
2. Paul fährt mit dem Bus nach Hause. 3. Ich fahre mit dem Auto ins Büro. 4. Du gehst zu Fuß zum Einkaufen. 5. Wir fahren mit dem Zug nach Österreich. 6. Sara geht zu Fuß nach Hause. 7. Tom fährt mit der U-Bahn zum Deutschkurs. 8. Frau Roth fährt mit dem Auto nach Berlin. 9. Herr Mahr fährt mit dem Fahrrad zum Arzt. 10. Mein Sohn fährt mit der U-Bahn nach Hause.

Auch andere Lösungen sind möglich!
Nur das Verb muss richtig sein:

Ich ***fahre / gehe*** *zu Fuß ...*
Du ***fährst / gehst*** *zu Fuß ...*
Wir ***fahren / gehen*** *zu Fuß ...*
Lisa / Paul / Sara / Tom / Frau Roth / Herr Mahr / Mein Sohn ***fährt / geht*** *zu Fuß ...*

G3

G3b) **Postkarte:**

der Urlaub:	Es ist sehr schön hier.
das Wetter:	Die Sonne scheint und es hat 32 Grad.
das Hotel:	Das Hotel ist wunderbar.
das Essen:	Man isst hier nicht schlecht.
die Leute:	Wir haben schon nette Leute getroffen.

E-Mail:

der Urlaub:	Es war schrecklich.
das Wetter:	Es war sehr heiß. Am Morgen hatte es schon 25 Grad.
das Hotel:	Das Hotel hatte 250 Zimmer. Es war sehr voll und laut.
das Essen:	Das Essen war nicht gut. Alles hat komisch geschmeckt.
die Leute:	Immer sind Leute an unseren Tisch gekommen und haben mit uns gesprochen. (Wir hatten keine Ruhe und keine Zeit für uns.)

G3c) 1. Hast; habe 2. Bist; habe 3. wart; waren; war 4. hatte; habe 5. Hast; hatte 6. war; ist 7. war; habe 8. hatte; war

G3d) Liebe Lisa, lieber Paul, wir sind in der Türkei!
Es ist wunderschön hier. Das Wetter ist gut und wir sind jeden Tag am Strand.
Viele Grüße
Anita, Tom und die Kinder

G3e) 1. Vor einem Jahr war er in Kanada. Das war super. 2. Vor zwei Jahr**en** war er in Indien. Das war sehr interessant. 3. Vor drei Jahr**en** war er in Russland. Das war wunderbar. 4. Vor vier Jahr**en** war er in **der** Schweiz. Das war sehr gut. 5. Vor fünf Jahr**en** war er in **der** Türkei. Das war wunderschön. 6. Vor sechs Jahr**en** ist er nicht in Urlaub gefahren. Das war schrecklich.

G4

G4a) 1. Der Regionalexpress nach Buchloe fährt um 10 Uhr 19 ab. Er fährt von Gleis 27 ab. Er kommt um 11 Uhr 05 in Buchloe an. 2. Der ICE nach Hamburg-Altona fährt um 10 Uhr 20 ab. Er fährt von Gleis 14 ab. Er kommt um 16 Uhr 09 in Hamburg an. 3. Der ICE nach Berlin Ostbahnhof fährt um 10 Uhr 23 ab. Er fährt von Gleis 17 ab. Er kommt um 18 Uhr 30 in Berlin an. 4. Der Regionalexpress nach Augsburg Hauptbahnhof fährt um 10 Uhr 32 ab. Er fährt von Gleis 22 ab. Er kommt um 11 Uhr 18 in Augsburg an. 5. Der ICE nach Köln Hauptbahnhof fährt um 10 Uhr 55 ab. Er fährt von Gleis 15 ab. Er kommt um 15 Uhr 40 in Köln an.

G4b) 1. Ich bin in der Wandsbeker Chaussee.
- ● Entschuldigung, ich möchte gern zum Gerhart-Hauptmann-Platz.
- ■ Da müssen Sie umsteigen. Sie nehmen hier die S1 und fahren bis zum Berliner Tor. Am Berliner Tor nehmen Sie den Bus bis zum Gerhart-Hauptmann-Platz.
- ● Vielen Dank!

2. Ich bin am Tierpark.
- ● Entschuldigung, ich möchte gern zur Uhlandstraße.
- ■ Da müssen Sie umsteigen. Sie nehmen hier die U2 und fahren bis zum Berliner Tor.
  Am Berliner Tor nehmen Sie die U3 bis zur Uhlandstraße.
- ● Vielen Dank!

3. Ich bin in der Osterstraße.
- ● Entschuldigung, ich möchte gern zum Stephansplatz.
- ■ Da müssen Sie umsteigen. Sie nehmen hier die U2 bis zum Jungfernstieg. Am Jungfernstieg nehmen Sie die U1 bis zum Stephansplatz.
- ● Vielen Dank!

G4c) 1. Tom fährt am Montag nach Freiburg. Er fährt um 9 Uhr los. Er steigt in Mannheim um. Er kommt um 2 Uhr an. Er fährt am Donnerstag zurück.
2. Lena fährt am Dienstag nach Düsseldorf. Sie fährt um 9 Uhr los. Sie steigt in Köln um. Sie kommt um 2 Uhr an. Sie fährt am Freitag zurück.
3. Paul fährt am Mittwoch nach Zürich. Er fährt um 4 Uhr los. Er steigt in Winterthur um. Er kommt um 9 Uhr an. Er fährt am Sonntag zurück.
4. Reyhan fliegt am Donnerstag nach Istanbul. Sie fliegt um 8 Uhr 50 los. Sie kommt um 12 Uhr 15 an. Der Flug dauert 3 Stunden. Sie fliegt am Samstag zurück.
5. Piero fliegt am Freitag nach Rom. Er fliegt um 15 Uhr los. Er kommt um 16 Uhr 30 an. Der Flug dauert 1,5 Stunden. Er fliegt am Mittwoch zurück.
6. Jasmine fliegt am Samstag nach Dubai. Sie fliegt um 11 Uhr 55 los. Sie steigt in Frankfurt um. Sie kommt um 22 Uhr 50 an. Der Flug dauert 9 Stunden.

H Arbeit, Beruf, Lernen

H1

H1a) **Klassische Berufe:**
1. e) 2. l) 3. b) 4. a) 5. n) 6. d) 7. k) 8. g) 9. c) 10. f) 11. m) 12. h) 13. j) 14. i)
Moderne Berufe:
1. c) 2. e) 3. a) 4. i) 5. b) 6. d) 7. h) 8. f) 9. g)

H1b) 1. die Architektin 2. der Arzt 3. der Bäcker 4. die Bankkauffrau 5. der Florist 6. die Fotografin 7. die Flugbegleiterin 8. der Grafiker 9. die Heilpraktikerin 10. die IT-Beraterin 11. der Erzieher 12. die Krankenschwester 13. die Köchin 14. der Lehrer 15. die Maklerin 16. die Polizistin 17. die Psychologin 18. die Tourismuskauffrau 19. die Schneiderin 20. die Steuerberaterin 21. der Verkäufer 22. die Werbekauffrau 23. die Zahnärztin

H2

H2a) **1. Vor der Schule**
Bis 3 Jahre alt: in die Kinderkrippe gehen
3 Jahre und älter: in den Kindergarten gehen
2. Schule
Klasse 1 bis 4: in/auf die Grundschule gehen
Klasse 5 bis 9: in/auf die Hauptschule gehen
oder: Klasse 5 bis 10: in/auf die Realschule gehen
oder: Klasse 5 bis 12/13: ins/aufs Gymnasium gehen
3. Nach der Schule
eine Ausbildung machen (dauert 2 bis 3 Jahre)
oder: an einer Fachhochschule oder an einer Universität studieren (dauert 3 bis 5 Jahre)
4. Beruf
Für diese Berufe muss man eine Ausbildung machen: Schneider, Bäcker, Bankkaufmann, Krankenpfleger, Verkäufer
Für diese Berufe muss man studieren: Arzt, Architekt, Lehrer, Psychologe, Zahnarzt

H2c) **Sara ist** 1985 geboren. In eine Kinderkrippe **ist sie** nicht gegangen. Aber **sie** war im Alter von vier bis sechs Jahren im Kindergarten. Danach **ist sie** in die Grundschule gegangen. Das waren vier Jahre, also von 1991 bis 1995. **Sie** hatte schon als kleines Kind Tiere sehr gern. Mit zehn **hat sie** gesagt: „Ich möchte einmal in einem Zoo arbeiten!"
Von 1995 bis 2001 **ist sie** in die Realschule gegangen. Danach **hat sie** eine Lehrstelle als Tierpflegerin bekommen. Die Lehre hat drei Jahre gedauert.
2004 **hat sie** die Lehre beendet. Sie **hat viele** Bewerbungen geschrieben.
2005 **hat sie** eine Stelle im Zoo von Wuppertal gefunden. **Ihre** Arbeit gefällt **ihr** sehr gut – mit Tieren arbeiten ist nie langweilig!

H2d) 1. vor fünfzehn Jahren
2. vor zehn Jahren
3. vor vierzig Jahren
4. vor zwanzig Jahren

H2e) 1. Seit 2. vor 3. seit 4. seit 5. Vor 6. vor 7. vor 8. seit

H3

H3a) 1. Montag 2. Dienstag 3. Mittwoch 4. Donnerstag 5. Freitag 6. Samstag 7. Sonntag

H3b) 1. Januar 2. Februar 3. März 4. April 5. Mai 6. Juni 7. Juli 8. August 9. September 10. Oktober 11. November 12. Dezember

H3c) 1. Heute ist Dienstag, der vierte September. 2. Heute ist Mittwoch, der neunzehnte September. 3. Heute ist Samstag, der achte September. 4. Heute ist Sonntag, der dreiundzwanzigste September. 5. Heute ist Donnerstag, der sechste September. 6. Heute ist Montag, der siebzehnte September. 7. Heute ist Freitag, der einundzwanzigste September. 8. Heute ist Dienstag, der fünfundzwanzigste September.

H3e) 1. Das Konzert ist am dreiundzwanzigsten Februar um zwanzig Uhr.
2. Das Abendessen bei Tom und Sara ist am fünfundzwanzigsten Oktober um neunzehn Uhr.
3. Die Geburtstagsfeier von Lea ist am fünfzehnten April um neunzehn Uhr dreißig.
4. Ich muss am achtzehnten Dezember um zehn Uhr das Auto aus der Werkstatt holen.
5. Der Deutschkurs ist vom zehnten Januar bis zum fünften Februar, von acht Uhr dreißig bis zwölf Uhr fünfundvierzig.
6. Die Sprechstunde von Timos Lehrerin ist am achten März von dreizehn Uhr dreißig bis vierzehn Uhr dreißig.
7. Der Urlaub ist vom achtundzwanzigsten Juli bis zum dreizehnten August.

H4 1.
- Ich kaufe ein Wörterbuch.
- Ich frage meine Deutschlehrerin.
- Ich frage meine Kollegen im Deutschkurs.

2.
- Ich kaufe ein Grammatikbuch mit Kommentar in meiner Sprache.
- Ich frage meine Deutschlehrerin.
- Ich sehe die Grammatik in meinem Deutschbuch an.

3.
- Ich mache einen Deutschkurs.
- Ich suche eine Person, die meine Sprache lernt. Wir sprechen eine halbe Stunde Deutsch, dann eine halbe Stunde meine Sprache.
- (In Deutschland, Österreich, der Schweiz:) Ich mache einen Computerkurs oder einen Kochkurs und spreche mit den Leuten dort.

4.
- Ich mache etwas, das ich gern mache: Ich sehe einen deutschen Film, höre deutsche Musik, lese ein deutsches Buch ...
- Ich mache mit Freunden einen Kurs. Das macht mehr Spaß als allein.
- Ich mache einen Lernplan: Jeden Tag ein bisschen lernen!

Susanne Geiger

Deutsch üben

Trainingsbuch zu Schritte plus neu A2

Hueber Verlag

Quellenverzeichnis:
Umschlagfoto: © Bernhard Haselbeck, München
Zeichnungen: Irmtraud Guhe, München

3. 2. 1. | Die letzten Ziffern
2023 22 21 20 19 | bezeichnen Zahl und Jahr des Druckes.
Alle Drucke dieser Auflage können, da unverändert, nebeneinander benutzt werden.
1. Auflage

Umschlaggestaltung: Sieveking · Agentur für Kommunikation, München
Layout und Satz: Sieveking · Agentur für Kommunikation, München
Verlagsredaktion: Sonja Ott-Dörfer, Hannah Blumöhr-Giuri (redaktionelle Mitarbeit), Hueber Verlag, München
Druck und Bindung: Friedrich Pustet GmbH & Co. KG, Regensburg
Printed in Germany
ISBN 978-3-19-757493-6

Art. 530_23687_001_01

Inhalt

Vorwort 5
Abkürzungen 5

A Familie und Wohnen 6
- A1 Lenas Mutter – Genitiv von Eigennamen 6
- A2 Lebst du allein? 7
- A3 Zu Hause 7
- A4 Warum? *weil*-Sätze 8
- A5 Entschuldigung! 8
- A6 Wir haben renoviert. – Verben auf *-ieren* im Perfekt 9
- A7 Hast du verstanden? – Nicht-trennbare Verben im Perfekt 10
- A8 Ich habe schon angerufen. – Trennbare Verben im Perfekt 10
- A9 In der Familie – Perfekt 11
- A10 Glück oder Pech 12
- A11 Es klingelt. – *klingeln* im Präsens und Perfekt 12
- A12 Raus oder rein? 13
- A13 Komm rein. 13
- A14 Mülltonne 13
- A15 Wo? Verben mit Wechselpräpositionen im Dativ 14
- A16 Wohin? Verben mit Wechselpräpositionen im Akkusativ 15
- A17 Da oder dahin? – *hier/hierhin, da/dahin, dort/dorthin* 15
- Teste dich! (T1–T3) 16

B Essen und Arbeiten 18
- B1 Party – Indefinitpronomen *einer, keiner, welcher* 18
- B2 In der Küche 19
- B3 Kaffeekannen und mehr 19
- B4 Was essen wir? Indefinitpronomen *einer, keiner, welcher* 20
- B5 Essgewohnheiten 20
- B6 Einladung 21
- B7 Ich sollte gehen. – *sollen* im Konjunktiv II 22
- B8 Probleme im Büro – *sollen* im Konjunktiv II 22
- B9 Mitarbeiterbesprechung 23
- B10 In der Firma 23
- B11 Am Telefon 24
- B12 Es ist immer jemand da. – Indefinitpronomen *jemand/niemand, etwas/nichts* 24
- B13 Urlaub im Hotel – *wenn*-Sätze 25
- B14 Was machst du im Restaurant, wenn ...? *wenn*-Sätze 26
- B15 Obst und Gemüse 26
- B16 Bestellen und bezahlen 27
- B17 Arbeiten in Deutschland 27
- Teste dich! (T1–T3) 28

C Sport und Lernen 30
- C1 Bewegung ist alles! – Reflexivpronomen im Akkusativ 30
- C2 Wasch dich bitte! Verben mit und ohne Reflexivpronomen 31
- C3 Stell dir vor ... – Reflexivpronomen im Dativ 32
- C4 Konzentration oder Entspannung 32
- C5 Schulzeit – Verben, Nomen und Adjektive mit Präposition 33
- C6 Sport im Verein – Verben mit Präposition 34
- C7 Wortketten 35
- C8 Sportarten 35
- C9 vhs-Kurse – *Wofür? – Dafür.* 36
- C10 Was wolltest du werden? – Modalverben im Präteritum 37
- C11 Meinungen – *dass*-Sätze 38
- C12 Mein Beruf – *dass*-Sätze 39
- Teste dich! (T1–T3) 40

D Feste und Aktivitäten 42
- D1 Wem schenkt man was? – Verben mit Dativ und Akkusativ 42
- D2 Von wem ist das Geschenk? – *von* + Dativ 43
- D3 Glückwunschkarte 43
- D4 Hotel Eden – Satzstellung bei Dativ- und Akkusativergänzungen 44
- D5 Café Heller – Satzstellung bei Dativ- und Akkusativergänzungen 44
- D6 Hochzeit 45
- D7 Hochzeitseinladung 45

D8 **Das ist mir wichtig.** 46
D9 **Partys** 46
D10 **Und trotzdem ...** Konjunktionaladverb *trotzdem* 47
D11 **Vorschläge für das Wochenende** *können* im Konjunktiv II 48
D12 **Wünsche** *sein* und *haben* im Konjunktiv II 48
D13 **Was würdest du am liebsten tun?** Konjunktiv II mit *würde* 49
D14 **WhatsApp-Nachrichten** 50
D15 **Wo ist was los?** 50
Teste dich! (T1–T4) 52

E Dinge und Kommunikation 54
E1 **Dinge im Haus** Adjektivdeklination im Nominativ und Akkusativ 54
E2 **Mit dem neuen Handy** Adjektivdeklination im Dativ 55
E3 **Sein altes Auto** Adjektivdeklination 56
E4 **Wanderrucksäcke und Sonnenhüte** .. 57
E5 **Ein Wohnzimmertisch** Frageartikel *was für ein* 57
E6 **Gegenteile** Komparation 58
E7 **Größer oder genauso groß?** Vergleich 58
E8 **Am schönsten finde ich ...** Superlativ 59
E9 **Bergtour** Konjunktionaladverbien *deshalb/deswegen* 60
E10 **Mailbox-Nachrichten** 60
E11 **Arbeitslos** Adjektivnegation 61
E12 **Auf der Post** 61
E13 **Tätigkeiten im Büro** Passiv Präsens .. 62
E14 **Was wird in der Schule gemacht?** Passiv Präsens 63
E15 **Einladung** Nomen auf *-ung* 63
Teste dich! (T1–T3) 64

F Wege und Reisen 66
F1 **Unterkünfte** Adjektivdeklination ohne Artikel 66
F2 **Tipps für Autofahrer** Adjektivdeklination ohne Artikel 67
F3 **Auf der Straße** 67
F4 **Kalt und neblig** Adjektive auf *-ig* und *-(er)isch* 68
F5 **Hunger und Durst** Adjektive auf *-ig* und *-isch* 68
F6 **Wetterbericht** 69
F7 **Verkehrsnachrichten** 69
F8 **Verkehrsmittel** 70
F9 **Ich komme vom Sport.** Lokale Präpositionen *aus* und *von* 71
F10 **Ich bin beim Friseur.** Lokale Präpositionen 71
F11 **In der Stadt** Lokale Präpositionen *in, an, auf* 72
F12 **Ausflug an den Chiemsee** 73
F13 **Welcher Weg?** Lokale Präpositionen *durch, über, um (...herum), entlang, an...vorbei, bis zu, gegenüber* 74
F14 **Infos** Lokale Präpositionen 74
F15 **Reisen** Modale Präposition *ohne* 75
Teste dich! (T1–T3) 76

G Geld und Alltag 78
G1 **Umzug** *lassen* im Präsens 78
G2 **Fragen zur Kontoeröffnung** 79
G3 **Informationen zum Konto** 80
G4 **Bargeld** 80
G5 **Wissen Sie, wo das ist?** Indirekte Fragen mit Fragepronomen 81
G6 **Wissen Sie, ob das richtig ist?** Indirekte Fragen mit *ob* 81
G7 **Alltagsprobleme** 82
G8 **Volltanken** 82
G9 **In der Autowerkstatt** 82
G10 **Streit** 84
G11 **Du und ich** Konjunktionen *dass, weil* und *wenn* ... 84
G12 **Träume und anderes** Perfekt, Präteritum, Konjunktiv II 85
G13 **Märchen und mehr** Diminutiv *-chen* 86
G14 **Wichtig** Suffixe und Präfixe 87
Teste dich! (T1–T3) 88

Lösungen 90
Register 96

Vorwort

Liebe Deutschlernende,

mit dem Band *Deutsch üben* Trainingsbuch zu Schritte plus neu A2 können Sie alle relevanten grammatischen Strukturen und wichtigen Wörter auf der Niveaustufe A2 des *Gemeinsamen Europäischen Referenzrahmens* einüben und festigen. Die grammatische Progression sowie der thematisch orientierte Wortschatz richten sich nach den entsprechenden Bänden von *Schritte plus neu A2*.

Im Trainingsbuch zu Schritte plus neu A2 finden Sie

- viele abwechslungsreiche Übungen zu Grammatik GR und Wortschatz WS für mehr Sicherheit im täglichen Umgang mit der deutschen Sprache.
- 7 Kapitel zu jeweils 2 Themenbereichen aus dem Alltagsleben, die genau zu den 14 Kapiteln in *Schritte plus neu A2* passen.
- nach jedem Kapitel eine Teste-dich-Doppelseite mit komplexeren Übungen zur Bewertung des persönlichen Lernerfolgs ☺ ○ 😐 ○ ☹ ○.
- hilfreiche Tipps und Erläuterungen zu grammatischen Strukturen in den „Aufgepasst"-Kästen, hervorgehoben durch 👁.
- wichtige Wörter und Wendungen in praktischen Wortschatz-Kästen, hervorgehoben durch 📖.
- auflockernde farbige Illustrationen und
- einen übersichtlichen Lösungsteil im Anhang.

Der vorliegende Band eignet sich

- zum Lernen, Wiederholen und Festigen von Grammatik und Wortschatz der Niveaustufe A2.
- zum zusätzlichen Üben der Inhalte von *Schritte plus neu A2*.
- zur Vorbereitung auf Prüfungen der Niveaustufe A2.
- zur Vorbereitung auf das Alltagsleben in deutschsprachigen Ländern.
- zur Selbstevaluation.

Viel Erfolg mit *Deutsch üben* Trainingsbuch zu Schritte plus neu A2!
Autorin und Verlag

Abkürzungen:

m	Maskulinum	*Nom.*	Nominativ
f	Femininum	*Akk.*	Akkusativ
n	Neutrum	*Dat.*	Dativ
Sg.	Singular	*ugs.*	umgangssprachlich
Pl.	Plural	*usw.*	und so weiter

A Familie und Wohnen

A1 Lenas Mutter Genitiv von Eigennamen

GR + WS Ergänzen Sie die passende Familienbezeichnung in der richtigen Form. Unterstreichen Sie die Personennamen und ordnen Sie sie in die Tabelle ein.

Cousin • Cousine • Großmutter • Großvater • Neffe • Nichte • Onkel • Schwager • Schwägerin • ~~Schwiegermutter~~ • Schwiegervater • Tante

1. Lena ist meine Frau. Lenas Mutter ist meine *Schwiegermutter*.
2. Lenas Vater ist mein ____________ und der ____________ unserer Kinder.
3. Mario ist mein Mann. Marios Bruder ist mein ____________.
4. Mein Mann hat drei Schwestern. Sie sind meine ____________.
5. Meine Schwägerin heißt Jill. Jills Sohn ist mein Lieblings____________.
6. Jills und Vinzenz' Töchter sind meine ____________. Ihre ____________ ist meine Mutter.
7. Meine Eltern haben keine Geschwister und ich keine ____________ und keinen ____________.
8. Felicitas ist meine Schwester. Wir haben beide zwei Töchter. Sie sind ____________.
9. Felicitas' Schwager hat einen Sohn. Er ist der ____________ von Felicitas' Töchtern.

Personenname	Genitiv mit *-s*	Genitiv mit Apostroph
Lena, ____________	*Lenas,* ____________ Mutter	____________ Vater

Aufgepasst!
Personennamen bilden den Genitiv mit *-s* und stehen vor dem Nomen: *Lena* → *Lenas Mutter*. Den Genitiv kann man durch *von* ersetzen: *die Mutter von Lena*. Namen auf *s/ß/x/z/tz* erhalten einen Apostroph: *Ines* → *Ines' Mutter* = *die Mutter von Ines*.

der Cousin (-s), die Cousine (-n), die Großmutter (¨), der Großvater (¨), der Neffe (-n), die Nichte (-n), der Onkel (-/-s *ugs.*), der Schwager (-/¨), die Schwägerin (-nen), die Tante (-n)

A2 Lebst du allein?

WS Was passt? Kreuzen Sie an.

1. Ich lebe allein und habe keinen Freund. Ich bin ○ alleinerziehend ☒ Single.
2. Meine Freundin bekommt ein Baby. Sie ist ○ schwanger ○ verheiratet.
3. Gabriela hat zwei Kinder und ist von ihrem Mann getrennt.

   Sie ist ○ alleinerziehend ○ verwitwet.
4. Das Ehepaar wohnt mit seinen drei Kindern ○ in einer Wohngemeinschaft

   ○ in einem Mietshaus.
5. Mein Onkel ist 68 und arbeitet nicht mehr. Er ist ○ in Rente ○ arbeitslos.
6. Meine Tante arbeitet im Büro. Sie ist noch ○ Studentin ○ berufstätig.
7. Hannes war drei Jahre verheiratet. Jetzt ist er ○ ledig ○ geschieden.
8. Dora und ihre Freundin Betty wohnen zusammen ○ in einer Wohngemeinschaft

   ○ bei den Eltern.

A3 Zu Hause

WS Was passt nicht? Streichen Sie.

1. Vor dem Haus: Einfahrt – Tor – Hof – ~~Dach~~
2. Im Haus: Zentrum – Treppe – Lift – Aufzug
3. Haushalt: Müll – Abfall – Plastik – Schild
4. Menschen im Haus: Bewohner – Mitglied – Nachbar – Mieter
5. Eine Wohnung mieten: Briefkasten – Vertrag – Kündigung – Unterschrift

der Abfall (¨e), der Aufzug (¨e), der Bewohner (-), der Briefkasten (¨),
das Dach (¨er), das Ehepaar (-e), die Einfahrt (-en), der Haushalt (-e), der Hof (¨e),
die Kündigung (-en), der Mieter (-), das Mietshaus (¨er), das Mitglied (-er),
der Müll, der Nachbar (-n), das Plastik, die Rente (-n), das Schild (-er), der Single (-s),
die Treppe (-n), der Vertrag (¨e), die Wohngemeinschaft (-en)/WG (-s),
das Zentrum (-tren) ■ schwanger ■ in Rente sein/gehen

A

A4 Warum? *weil*-Sätze

GR Formulieren Sie Fragen mit *warum* und antworten Sie mit einem *weil*-Satz.

1. kein Auto – kein Geld: *Warum hast du kein Auto?* – *Ich habe kein Auto, weil ich kein Geld habe.*
2. noch bei den Eltern wohnen – praktisch: ______________________________
   ____
3. umziehen – Wohnung zu klein: ______________________________
   ____
4. traurig – meine Familie vermissen: ______________________________
   ____
5. einen Kuchen backen – Besuch bekommen: ______________________________
   ____

> **Aufgepasst!**
> Mit *weil* gibt man einen Grund an. Man kann damit auf die Frage *warum?* antworten.
> In *weil*-Sätzen steht das Verb am Ende. Vor *weil* steht ein Komma.
> ***Warum** kommst du nicht? – Ich komme nicht**, weil** ich keine Zeit **habe**.*

A5 Entschuldigung!

WS Was gehört zusammen? Verbinden Sie.

1. Entschuldigung! Das war keine Absicht.
2. Vielen Dank für deine Hilfe.
3. Morgen entfällt der Kurs.
4. Wir sind alle krank.
5. Wir finden die Wohnung zu teuer.
6. Entschuldigen Sie die Störung.

a) Da habt ihr recht.
b) Schon in Ordnung. Kein Problem.
c) Oh, das tut mir leid.
d) Kein Problem. Wie kann ich Ihnen helfen?
e) Wir bitten um Verständnis.
f) Gern geschehen!

1	2	3	4	5	6
b					

A6 Wir haben renoviert. Verben auf *-ieren* im Perfekt

GR Ergänzen Sie das passende Partizip Perfekt. Unterstreichen Sie das Hilfsverb und ergänzen Sie den Infinitiv.

funktioniert • informiert • kontrolliert • organisiert • passiert • ~~renoviert~~ • telefoniert • transportiert

1. Wir <u>haben</u> die Wohnung selbst *renoviert*. → *renovieren*
2. Gestern habe ich mit dem Hausmeister __________. → __________
3. Wir haben die Nachbarn über den Umzug __________. → __________
4. Wir haben einen Umzugswagen __________. → __________
5. Viele Sachen haben wir mit dem Auto __________. → __________
6. Leider hat der Aufzug zwei Tage nicht __________. → __________
7. Hast du die Heizung __________? → __________
8. Zum Glück ist nichts __________. → __________

Aufgepasst!
Verben auf *-ieren* sind regelmäßig und bilden das Perfekt mit *haben*.
Ausnahme: *passieren* → *Was **ist** passiert?* Das Partizip Perfekt bildet man ohne Vorsilbe *ge-*: *telefonieren* → (*er/sie*) ***hat** telefoniert*

das Ding (-e)/die Sache (-n), der Umzug (¨-e)
kontrollieren, organisieren, renovieren, transportieren ■ zum Glück ↔ leider

A7 Hast du verstanden? Nicht-trennbare Verben im Perfekt

GR Bilden Sie das Perfekt. Ergänzen Sie *hat* und das richtige Partizip.

vermisst • besucht • entfernt • zerstört • empfohlen • verpasst • entschuldigt • gefallen • ~~bemerkt~~ • verloren • erlebt • erfahren

1. bemerken	*hat bemerkt*	7. erleben	______
2. besuchen	______	8. gefallen	______
3. empfehlen	______	9. verlieren	______
4. entfernen	______	10. vermissen	______
5. entschuldigen	______	11. verpassen	______
6. erfahren	______	12. zerstören	______

Aufgepasst!

Verben mit den Vorsilben *be-*, *emp-*, *ent-*, *er-*, *ge-*, *ver-*, *zer-* sind nicht trennbar: *besuchen* → *er/sie/es* ***be**sucht*, *verstehen* → *er/sie/es* ***ver**steht*. Das Partizip Perfekt bildet man ohne Vorsilbe *ge-* mit der Endung *-t/-en*: *besuchen* → ***besucht***, *verstehen* → ***verstanden***. Lernen Sie die Verben mit dem Präsens und dem Perfekt (*hat/ist* + Partizip Perfekt): *besuchen-besucht-hat besucht, verstehen-versteht-hat verstanden*

A8 Ich habe schon angerufen. Trennbare Verben im Perfekt

GR Antworten Sie im Perfekt. Ergänzen Sie das Partizip Perfekt und den Infinitiv und unterstreichen Sie das Hilfsverb.

~~angerufen~~ • angeschaut • ausgepackt • ausgezogen • umgezogen

1. Wann rufst du den Vermieter an? – Ich habe ihn doch schon *angerufen*. → *anrufen*
2. Wann schaust du die Wohnung an? – Ich habe sie doch schon ______.
→ ______
3. Nächste Woche ziehe ich um. – Ich bin auch gerade ______. → ______
4. Packen wir am Wochenende die Kisten aus? – Wir haben doch schon alles
______. → ______
5. Wann ziehen die Mieter aus? – Sie sind doch schon längst ______.
→ ______

Aufgepasst!
Verben mit trennbaren Vorsilben wie *ab-*, *an-*, *auf-*, *aus-*, *ein-*, *fern-*, *los-*, *mit-*, *nach-*, *vor-*, *vorbei-*, *weg-*, *weiter-*, *zu-*, *zurück-* bilden das Partizip Perfekt mit *-ge-* zwischen Vorsilbe und Verbstamm und der Endung *-t/-en*: *abholen* → *ab**ge**holt*, *einziehen* → *ein**ge**zog**en***. Ebenso: *kennenlernen* → *kennen**ge**lernt*.
Lernen Sie die Verben mit dem Präsens und dem Perfekt (*hat/ist* + Partizip Perfekt): *abholen-holt ab-hat abgeholt, einziehen-zieht ein-ist eingezogen*

der Mieter (-), der Vermieter (-)
anschauen, anrufen-ruft an-hat angerufen, ansehen-sieht an-hat angesehen, auspacken, ausziehen-zieht aus-ist ausgezogen, bemerken, einpacken, einziehen-zieht ein-ist eingezogen, entfernen, erfahren-erfährt-hat erfahren, erleben, umziehen-zieht um-ist umgezogen, vermissen, verpassen

A9 In der Familie Perfekt

GR Ergänzen Sie das Verb im Perfekt. Achten Sie auf die richtige Partizipform.

1. *Habe* ich dir schon meine Schwester *vorgestellt*? (vorstellen).
2. Gestern ________ wir seine Eltern ________________. (kennenlernen)
3. Mein Schwager _____ mir das Fahrrad ____________. (reparieren)
4. Meine Schwiegereltern ________ ihren Kindern viel __________. (erlauben)
5. Warum _______ ihr Omas E-Mail nicht ________________? (beantworten)
6. Wann _______ deine Großeltern ________________? (ankommen)
7. Was _______ du deinem Schwager __________? (erzählen)
8. Mein Cousin und ich ________ in Amerika ___________. (studieren)
9. Opa _____ vor dem Fernseher __________________. (einschlafen)
10. Die Kinder ________ die Zimmer noch nicht _______________. (aufräumen)
11. Mein Onkel _____ sein Haus ____________. (verkaufen)
12. _______ du euren Hochzeitstag _____________? (vergessen)
13. Wer _____ denn das Geschenk für die Tante so schön _______________? (einpacken)
14. Wann _______ ihr von zu Hause ________________? (losfahren)

A10 Glück oder Pech

WS Was gehört zusammen? Ordnen Sie zu.

1. Ich habe schon wieder den Bus verpasst!
2. Stell dir vor, Jens hatte gestern einen Unfall.
3. Du glaubst es nicht!
4. Oje, Marina ist schon wieder krank.
5. Ich habe die Eier vergessen.
6. Andi hat den Prüfungstermin vergessen.

a) Das hört nicht auf! Sie hat wahrscheinlich immer noch Stress.
b) Ich habe Annabel im Urlaub gesehen. Sie war übrigens nicht allein.
c) Peinlich! Jetzt muss er später schreiben.
d) Aber zum Glück ist nichts passiert.
e) So ein Pech habe nur ich!
f) So ein Mist! Jetzt können wir nicht backen.

1	2	3	4	5	6
e					

A11 Es klingelt. *klingeln* im Präsens und Perfekt

GR Ergänzen Sie die richtige Verbform.

geklingelt (2x) • klingeln (2x) • ~~klingelt~~ • klingelt (2x) • klingle

1. Es *klingelt* an der Tür.
2. Der Wecker ______________.
3. Eure Handys ______________.
4. Hast du schon ______________?
5. Ich ______________ immer zweimal.
6. Ihr ______________ doch, oder?
7. Wir ______________ bei der Nachbarin.
8. Der Radfahrer hat nicht ______________.

Aufgepasst!
Bei Verben auf *-eln* fällt in der 1. Person Singular Präsens das *-e-* im Stamm weg: *klingeln → ich kling**le**, sammeln → ich samm**le***. In der gesprochenen Sprache fällt stattdessen oft die Endung *-e* weg: *ich klingel, ich samme**l***

A12 Raus oder rein?

WS Ergänzen Sie die Vorsilbe und bilden Sie Gegensatzpaare.

rauf- (2x) • ~~raus-~~ • raus- • rein- (2x) • runter- (2x)

1. reinkommen ↔ *raus*gehen
2. rauslassen ↔ ______lassen
3. rauffahren ↔ ______fahren
4. runtertragen ↔ ______tragen
5. rausbringen ↔ ______bringen
6. raufgehen ↔ ______gehen
7. reinfallen ↔ ______fallen
8. runterfallen ↔ ______klettern

A13 Komm rein.

GR + WS Kreuzen Sie das passende Verb an.

1. Störe ich? – Nein, ⊗ komm rein ○ lass rein.
2. Wir müssen den Müll noch ○ rausgehen ○ rausbringen.
3. Sie ist ganz allein den Baum ○ raufgeklettert ○ raufgegangen.
4. Hast du den Hund schon ○ rausgelassen ○ rausgefallen?
5. Ich bin die Treppe ○ runtergetragen ○ runtergefallen.

bringen-bringt-hat gebracht, fallen-fällt-ist gefallen, lassen-lässt-hat gelassen, laufen-läuft-ist gelaufen, tragen-trägt-hat getragen

A14 Mülltonne

WS Was passt zusammen? Bilden Sie Komposita und ergänzen Sie den Artikel.

-dose • -haus • -schlüssel • ~~-tonne~~
Garagen- • Miet- • Müll- • Wohn-

1. *die* Müll*tonne*
2. ______ ______tor
3. ______ Steck______
4. ______ ______gemeinschaft
5. ______ Treppen______
6. ______ ______wohnung
7. ______ Wohnungs______
8. ______ ______abfuhr

A

A15 Wo? Verben mit Wechselpräpositionen im Dativ

GR + WS Formulieren Sie Fragen und Antworten. Es gibt mehrere Möglichkeiten.

Wo ist/sind denn Habt ihr … gesehen	das Bild, mein Handy, der Kugelschreiber, die Fernsehzeitung, die Post, das Fahrrad, die Mülltonnen	neben der Garage stehen, im Hof stehen, auf dem Sofa liegen, in der Schublade liegen, an der Wand hängen, in der Tasche stecken, im Briefkasten stecken
Wo ist denn	*das Bild?*	*Es hängt (schon) an der Wand.*
Habt ihr	*mein Handy gesehen?*	*Es steckt in der Tasche.*

das Bild (-er), der Briefkasten (¨), der Geldbeutel (-)/die Geldbörse (-n), der Hof (¨e), der Kinderwagen (-), der Kugelschreiber (-)/der Kuli (-s), die Mülltonne (-n), die Wand (¨e)
hängen-hängt-hat gehangen, legen, liegen-liegt-hat gelegen, stecken, stehen-steht-hat gestanden, stellen, werfen-wirft-hat geworfen

A16 Wohin? Verben mit Wechselpräpositionen im Akkusativ

GR + WS Formulieren Sie Fragen. Es gibt mehrere Möglichkeiten.

Soll ich Könntest du	deine Sachen, die Kisten, die Leiter, der Kinderwagen, der Müll, das Geld, die Jacke	vor die Tür stellen, auf den Tisch legen, auf den Bügel hängen, in den Geldbeutel stecken, in die Mülltonne werfen, in den Keller bringen, hinter den Schrank stellen
Soll ich	*deine Sachen*	*auf den Tisch legen?*
Könntest du	*die Kisten*	*in den Keller bringen?*

Aufgepasst!
Die Wechselpräpositionen *in, an, auf, über, unter, vor, hinter, neben, zwischen* stehen als Antwort auf die Frage *wo?* mit Dativ, auf die Frage *wohin?* mit Akkusativ.
Nach Verben wie *sitzen, stehen, liegen, hängen, stecken* folgt der Dativ, nach Verben wie *setzen, stellen, legen, hängen, stecken, werfen, bringen* der Akkusativ. Auf die Frage *wo?* oder *wohin?* kann man auch mit einem Ortsadverb antworten.
Wo liegt** mein Handy? – **Auf dem** Tisch. / **Da.
Wohin hast** du die Zeitung **gelegt**? – **Auf den** Stuhl. / **Dahin.

A17 Da oder dahin? *hier/hierhin, da/dahin, dort/dorthin*

GR Was passt? Kreuzen Sie an?

1. Wer steht ☒ da ○ dahin an der Tür?
2. Wir treffen uns an der U-Bahn. Komm am besten auch ○ dort ○ dorthin.
3. Könntest du das Buch bitte ○ hier ○ hierhin legen?
4. Stellt eure Taschen bitte ○ da ○ dahin.
5. Ist ○ hier ○ hierhin jemand?

Teste dich!

T1 Meine neue Wohnung

Ergänzen Sie die Präposition und den richtigen Artikel. Formulieren Sie dann die passende Rückfrage. Manchmal sind mehrere Präpositionen möglich.

1. Ich schlafe jetzt nicht mehr *im* Wohnzimmer, sondern endlich *im* eigenen Schlafzimmer. – *Wo schläfst du jetzt?*
2. Die Stehlampe habe ich neben *das* Sofa gestellt. – *Wohin hast du die Stehlampe gestellt?*
3. ______ ______ Haustür und ______ Briefkasten steht schon mein Name. – ______________________________
4. Leider gibt es ______ Keller keinen Platz für Fahrräder. – ______________________________
5. Die Waschmaschine kann ich ______ Bad stellen. – ______________________________
6. Viele Sachen habe ich ______ ______ Müll geworfen. – ______________________________
7. Die Bücher liegen im Moment noch ______ ______ Boden. – ______________________________
8. Der Fernseher hängt wie immer ______ Wohnzimmer ______ ______ Wand. – ______________________________
9. Den Teppich habe ich ______ Schlafzimmer gelegt. – ______________________________
10. Die große Uhr möchte ich ______ ______ Küche über ______ Fenster hängen. – ______________________________
11. Und mein Hund sitzt am liebsten unter ______ Küchentisch. – ______________________________

☺ ○ 😐 ○ ☹ ○

T2 Umzug

Ergänzen Sie das passende Wort in der richtigen Form.

Aufzug • auswechseln • da • dort • dorthin • erzählen •
finden • funktionieren • in • liegen • rauf und runter • Sache • studieren •
~~telefonieren~~ • verlieren • weil • zuerst

Josie: Gestern (1) *habe* ich mit meiner Schwester *telefoniert*. Sie (2) ______ mir von ihrem Umzug ____________. Sie war total fertig, (3) _______ nichts (4) _________________ ________. (5) __________ sind die Umzugsleute nicht gekommen. Dann (6) _____ sie den Wohnungsschlüssel _____________ und nicht mehr (7) ______________. Später (8) _________ die Handwerker das Schloss _______________________ und das war teuer.

Rob: Ich möchte in Berlin (9) _______________ und habe (10) _______ ein Zimmer in einer WG gefunden. Den Umzug mache ich mit dem Auto, ein paar (11) _________ habe ich schon (12) ____________ gebracht. Die Wohnung (13) _______ (14) _____ vierten Stock, aber es gibt keinen (15) __________. Die Treppe zu Fuß (16) ________ _______ __________ – (17) _____ bleibt man fit!

☺ ○ 😐 ○ ☹ ○

T3 Was ist passiert?

Bilden Sie Sätze und verbinden Sie die Sätze mit *weil*.

1. gehen (ich/Präsens) – nicht – Büro – heute / haben – Fieber:
   Ich gehe heute nicht ins Büro, weil ich Fieber habe.
2. fallen (er/Perfekt) – Leiter / aufpassen (Perfekt) – nicht: ______________________
   ____
3. verpassen (wir/Perfekt) – Zug / S-Bahn – haben (Präteritum) – Verspätung:
   ____
4. liegen (sie/Sg. Präsens) – Krankenhaus / haben (Präteritum) – Unfall – Fahrrad – mit:
   ____

☺ ○ 😐 ○ ☹ ○

B Essen und Arbeiten

B1 Party Indefinitpronomen *einer, keiner, welcher*

GR **Was gehört zusammen? Ordnen Sie die Textteile 1–5 und 6–10 den Textteilen a–e und f–j zu. Unterstreichen Sie die Indefinitpronomen.**

1. Ich kann euch leider keinen Saft anbieten, …
2. Aber ich habe Eistee.
3. Wir haben auch vier Flaschen Rotwein.
4. Hier sind Gläser.
5. Oder möchtet ihr Bier?

a) Sollen wir eine aufmachen?
b) Es ist welches im Kühlschrank.
c) Wer hat noch keins? Wer braucht noch eins?
d) Wer möchte einen?
e) weil ich keinen habe.

6. Habt ihr Lust auf Chips?
7. Möchte jemand Kuchen?
8. Wo ist die Sahne?
9. Wie viele Teller fehlen?
10. Gibt es noch Erdbeeren?

f) Aufgegessen! Es ist keine mehr da.
g) Ich kann welche holen.
h) Ich habe welchen in der Küche.
i) Nein, es gibt keine mehr.
j) Nur einer.

1	2	3	4	5
e				

6	7	8	9	10

Ergänzen Sie die fehlenden Indefinitpronomen.

Artikel + Nomen	**Indefinitpronomen Nominativ**	**Indefinitpronomen Akkusativ**
der / ein / kein Saft (m)	e_____ / keiner / welcher	e_____ / keinen / w_____
die / eine / keine Sahne (f)	eine / keine / welche	e_____ / k_____ / welche
das / ein / kein Glas (n)	eins / keins / w_____	e_____ / k_____ / welches
die / - / keine Teller (Pl.)	k_____ / welche	keine / w_____

Aufgepasst!
Die Indefinitpronomen *einer/keiner/welcher* ersetzen Nomen. Sie haben immer Endungen: *der/ein* Tee → *einer/keiner/welcher. Möchtest du (einen) Tee? – Ich möchte gern einen/welchen. / Danke, ich möchte keinen.*
Das Indefinitpronomen *welcher* wird im Singular vor allem in der gesprochenen Sprache verwendet. *Welcher* bezeichnet immer eine unbestimmte Menge.
Möchtest du Kuchen? – Ich nehme gern einen. / Ich nehme gern welchen.
Möchtest du ein Stück Kuchen? – Ja, ich nehme gern eins.

B2 In der Küche

WS Was passt nicht? Streichen Sie.

1. Geschirr: Teller – Tasse – Schüssel – ~~Herd~~
2. Besteck: Pfanne – Messer – Gabel – Löffel
3. Trinken: Topf – Tasse – Glas – Becher
4. Küchengeräte: Espressomaschine – Föhn – Toaster – Wasserkocher

B3 Kaffeekannen und mehr

WS Ergänzen Sie die fehlenden Vokale in den zusammengesetzten Nomen.

1. Wir haben keine K*a*ff*e* *e*k*a*nn*e*, nur eine T*e* *e*k*a*nn*e*.
2. Es gibt Z_tr_n_nk_ch_n! Der K_ch_nt_ll_r steht schon auf dem Tisch.
3. Das ist ein Br_tm_ss_r, das eine K_ch_ng_b_l und das ein S_pp_nl_ff_l.
4. Die S_l_tsch_ssel ist zu klein. Wir brauchen auch noch S_l_tb_st_ck.
5. Die R_tw_ _ngl_s_r sehe ich. Aber wo sind die W_ss_rgl_s_r?
6. Für die Kinder gibt es C_l_ in Pl_st_kb_ch_rn.
7. Ich finde die Br_tpf_nn_ nicht. Und die K_cht_pf_ sind auch weg.

die Gabel (-n), die Kanne (-n), der Löffel (-), das Messer (-), die Pfanne (-n), die Schüssel (-n), die Suppe (-n), die Tasse (-n), der Teller (-), der Topf (¨-e), die Zitrone (-n)

B

B4 Was essen wir? Indefinitpronomen *einer, keiner, welcher*

GR Ergänzen Sie *einer, keiner, welcher* in der richtigen Form.

- ● Ich nehme ein Schnitzel, weil ich schon lange (1) *keins* mehr gegessen habe.
- ■ Gute Idee! Ich bestelle auch (2) ________.
- ● Und als Vorspeise nehmen wir Spargelsuppe. Du isst doch auch (3) ________, oder?
- ■ Ich nehme (4) ________. Ich möchte später lieber eine Nachspeise.

- ○ Ich esse kein Hauptgericht, nur einen Salat. Können Sie mir (5) ________ empfehlen?
- □ Salat mit Ei und Rinderstreifen vielleicht? Auf der Tageskarte ist auch (6) ________ mit Spargel und Lachs.
- ○ Den nehme ich. Dazu noch einen Weißwein, am liebsten (7) ________ aus der Region! Ich glaube, ich habe (8) ________ auf der Karte gesehen.
- □ Gern!

B5 Essgewohnheiten

GR+WS Schreiben Sie die Sätze richtig. Achten Sie auf die Satzzeichen.

Mia: BeiunsgibtesdreiMahlzeitenproTagFrühstückMittagessenundAbendessen

Bei uns gibt es drei Mahlzeiten pro Tag: ________________

____

Ivan: IchliebeFleischvorallemRindundSchweinFischesseichnurselten

____

Vera: MeistensesseichinderKantineweilichvielarbeiteAmWochenendekoche ichfrischmitregionalenProdukten ________________

____

das Abendessen (-), das Frühstück, das Essen (-), das Gericht/Hauptgericht (-e), die Kantine (-n), die Mahlzeit (-en), das Mittagessen (-), die Nachspeise (-n), das Produkt (-e), die Region (-en), das Rind (-er), das Schnitzel (-), das Schwein (-e), die Vorspeise (-en) ■ regional ■ eher, meistens

B6 Einladung

WS Wie kann man noch sagen? Ordnen Sie zu.

1. Schön, dass ihr gekommen seid. Kommt erst mal rein.
2. Hier, die Pralinen und der Wein sind für euch.
3. Oh, das ist aber nett. Vielen Dank!
4. Das Essen schmeckt wirklich lecker!
5. Könnte ich bitte noch Wasser haben?
6. Es ist schon spät. Wir sollten langsam gehen.
7. Der Abend bei euch war sehr schön. Danke für die Einladung.
8. Danke für euren Besuch. Gern mal wieder!

a) Dankeschön! Da freuen wir uns.
b) Ist noch Wasser da?
c) Herein! Ich freue mich, dass ihr da seid.
d) Oh, schon so spät! Wir müssen nach Hause.
e) Tschüss und kommt gut nach Hause. Bis zum nächsten Mal!
f) Ihr habt super gekocht. Es schmeckt hervorragend.
g) Wir haben euch etwas mitgebracht. Hier, bitte!
h) Danke für den Abend und das Essen. Es war super bei euch.

1	2	3	4	5	6	7	8
c							

B7 Ich sollte gehen. *sollen* im Konjunktiv II

GR Ergänzen Sie die richtige Verbform.

~~sollte~~ • sollte (2x) • sollten (2x) • solltest • solltet

1. Es ist schon spät. Ich *sollte* jetzt wirklich gehen.
2. Du __________ nicht so viel arbeiten und mal Urlaub machen.
3. Wir __________ weniger rauchen und mehr Sport machen.
4. Die Kinder __________ nicht so spät ins Bett gehen.
5. Er __________ nicht so viel Zeit vor dem Computer verbringen.
6. Ihr __________ regelmäßig eure Hausaufgaben machen.
7. Sie (Sg.) __________ mal wieder ihre Eltern besuchen.

Ergänzen Sie die Verbformen von *sollen* im Konjunktiv II.

1. ich *sollte*	2. du __________	3. er/sie/es __________
4. wir __________	5. ihr __________	6. sie/Sie __________

Aufgepasst!
Vorschläge oder Empfehlungen kann man mit *sollte* (Konjunktiv II) + Infinitiv formulieren. *Sollte* steht auf Position 2, der Infinitiv am Ende. *Du **solltest** mal Urlaub **machen**.*

B8 Probleme im Büro *sollen* im Konjunktiv II

GR Ersetzen Sie die Imperative durch Sätze mit *sollte*.

1. Sprich zuerst mit den Kollegen. → *Du solltest zuerst mit den Kollegen sprechen.*
2. Lass dich auch vom Betriebsrat beraten. → __________
3. Kündigen Sie auf keinen Fall Ihren Vertrag. → __________
4. Vereinbart direkt einen Termin mit dem Chef. → __________
5. Beachten Sie die Vorschriften. → __________

B9 Mitarbeiterbesprechung

WS Was passt zusammen? Bilden Sie Komposita und ergänzen Sie den Artikel.

~~-besprechung~~ • -bestätigung • -firma • -verkehr • -versammlung
Durchschnitts- • Informations- • Kündigungs- • Renten- • Über-

1. _____ Mitarbeiter*besprechung*
2. _____ Betriebs__________
3. _____ __________veranstaltung
4. _____ Teilnahme__________
5. _____ __________kasse
6. _____ Zeitarbeits__________
7. _____ __________lohn
8. _____ __________stunde
9. _____ Feierabend__________
10. _____ __________frist

B10 In der Firma

WS Ergänzen Sie das passende Wort in der richtigen Form.

entlassen • Kündigungsfrist • ~~Mitarbeiterbesprechung~~ • nutzen • stattfinden • Überstunde

1. Der Chef ist gerade in einer *Mitarbeiterbesprechung*.
2. Wahrscheinlich muss die Firma Mitarbeiter __________.
3. Die __________ beträgt drei Monate.
4. Wann und wo __________ die Betriebsversammlung __________?
5. Er macht jede Woche viele __________.
6. __________ Sie unsere Weiterbildungsangebote.

die Besprechung (-en), die Bestätigung (-en), der Betrieb (-e), der Betriebsrat (¨-e), der Durchschnitt, der Feierabend (-e), die Gewerkschaft (-en), die Industrie, die Kündigung (-en), der Lohn (¨-e), die Rente (-n), die Regel (-n), die Überstunde (-n), die Versammlung (-en), die Veranstaltung (-en), die Vorschrift (-en), die Weiterbildung (-en), die Zeitarbeit (-en) ■ beachten, beraten-berät-hat beraten, betragen-beträgt-hat betragen, entlassen-entlässt-hat entlassen, kündigen, nutzen, stattfinden-findet statt-hat stattgefunden ■ regelmäßig, wahrscheinlich ■ einen Termin vereinbaren

B11 Am Telefon

WS Schreiben Sie die Wörter richtig.

1. Grüß Gott! Hier Sabine Meier. Ich möchte mit Frau Anschütz sprechen. –
   Am (ratpaAp) *Apparat*. Was kann ich für Sie tun?
2. Herr Bauer ist gerade außer Haus. Kann ich etwas (tenrichaus) ______________? –
   Nein, danke, ich (chesuver) ______________ es später noch einmal.
3. Könnten Sie mich bitte mit Frau Heim (denbinver) ______________? –
   Kein Problem, ich (lestel) __________ Sie (hcrud) __________.
4. Herr Moser hat schon (endaberFei) ______________. Aber ich gebe Ihnen
   gern die (wahlhcruD) ______________. – Super, vielen Dank!
5. Frau Loos ist noch in der (sepautagsMit) ______________.
   Soll Sie (enrufrückzu) ______________? – Ja, bitte. Es ist wichtig.
6. Frau Baum ist nicht am (ztalP) __________. Sie ist in einer (ungsprechBe)
   ______________. Wollen Sie vielleicht mit Herrn Heller sprechen?
   Er arbeitet auch in der Personalabteilung. – Danke, gern!

B12 Es ist immer jemand da.
Indefinitpronomen *jemand/niemand, etwas/nichts*

GR + WS Was ist richtig? Kreuzen Sie an und ergänzen Sie die Tabelle.

1. Am Vormittag ist immer ☒ jemand ○ niemand im Büro.
2. Entschuldigung, haben Sie mich ○ etwas ○ nichts gefragt?
3. Freitagnachmittag ist das Büro nicht besetzt. Da können Sie ○ jemanden ○ niemanden sprechen.
4. Frau Lange ist immer noch nicht da. Hoffentlich ist ○ etwas ○ nichts passiert.
5. Herr Tröger ist wütend, weil ihn ○ jemand ○ niemand informiert hat.

Nominativ	*e*_______ / *n*_______	*jemand* / *n*_______
Akkusativ	*e*_______ / *n*_______	*j*_______ / *n*_______

B13 Urlaub im Hotel *wenn*-Sätze

GR Ergänzen Sie das passende Verb in der richtigen Form. Unterstreichen Sie *wenn*.

anreisen • brauchen • ~~buchen~~ • geben • haben • helfen • kommen • nutzen • planen • sein • ~~sparen~~ • stehen • stornieren • wenden

1. Wenn Sie das Hotel online *buchen*, *sparen* Sie Geld.
2. Sie können sich jederzeit an die Rezeption ________, wenn Sie Fragen ________.
3. Wenn es ein Problem ______, ________ wir gern.
4. ________ Sie unseren Shuttleservice, wenn Sie mit dem Zug oder Flugzeug ________.
5. Wenn Sie mit dem Auto ________, ________ Ihnen kostenlos Parkplätze zur Verfügung.
6. Sie können die Reservierung ________, wenn Sie später anders ________.
7. Wir ______ rund um die Uhr für Sie da, wenn Sie Hilfe ________.

Aufgepasst!
Mit *wenn* formuliert man eine Bedingung oder eine Voraussetzung. In *wenn*-Sätzen steht das Verb am Ende. Nach oder vor einem *wenn*-Satz steht ein Komma:
***Wenn** ich Zeit **habe**, komme ich. / Ich komme, **wenn** ich Zeit **habe**.*
Nach einem *wenn*-Satz folgt im Hauptsatz das Verb. Vor dem Verb kann *dann* stehen:
***Wenn** ich Zeit habe, **(dann) komme** ich.*

die Reservierung (-en), die Rezeption (-en)
buchen, nutzen, planen, sparen, (sich) wenden-wendet-hat gewendet/gewandt
kostenlos ■ zur Verfügung stehen

B14 Was machst du im Restaurant, wenn …? *wenn*-Sätze

GR + WS **Bilden Sie Sätze mit *wenn/dann*.**

Wenn	das Essen zu scharf, die Suppe zu salzig, der Braten zu fett, der Kuchen zu süß, das Tischtuch schmutzig, der Kellner unfreundlich, der Service schlecht	dann	nicht essen, stehen lassen, zurückgehen lassen, dem Kellner Bescheid sagen, kein Trinkgeld geben, nie wieder in dieses Restaurant gehen
Wenn	*das Essen zu scharf ist,*	*dann*	*esse ich es nicht.*
______	______	______	______
______	______	______	______
______	______	______	______
______	______	______	______
______	______	______	______
______	______	______	______

der Braten (-), das Trinkgeld (-er) ■ fett, salzig, scharf, schmutzig, süß, vegetarisch

B15 Obst und Gemüse

WS **Was passt nicht? Streichen Sie.**

1. Obst: frisch – süß – ~~neu~~ – gesund – hart – sauer
2. Gemüse: lecker – frisch – alt – scharf – teuer – kurz
3. Fleisch: vegetarisch – rosa – weiß – fett – billig – zart
4. Fisch: salzig – roh – klar – alt – fett – mager
5. Kuchen: locker – süß – trocken – gemütlich – saftig – hart
6. Limonade: warm – kühl – frisch – dick – süß – ungesund

B16 Bestellen und bezahlen

WS Ergänzen Sie das passende Wort in der richtigen Form.

besetzt • bestellen • Besuch • etwas • hier • jemand • Kollege • machen • Mal • morgen • Platz • reservieren • sofort • Speisekarte • stimmen • ~~Tisch~~ • zahlen

1. Gibt es noch einen _Tisch_ für sechs Personen?
2. Wir möchten gern einen Tisch für __________ Abend ______________.
3. Entschuldigung, sind ______ noch zwei __________ frei?
4. Tut mir leid. Der Platz ist leider __________. Wir erwarten noch ______________.
5. Möchten Sie nur ________ trinken oder darf ich Ihnen die ______________ bringen?
6. Haben Sie schon ____________? – Ja, Ihr __________ war schon da.
7. Können wir bitte ___________? – Ja, natürlich. Mein Kollege kommt _________.
8. Das ___________ 16,50 Euro. – Hier bitte. ___________ so.
9. Danke für Ihren ____________! Bis zum nächsten ______.

B17 Arbeiten in Deutschland

WS Was ist richtig? Kreuzen Sie an.

1. Am 3. Oktober ist in Deutschland ☒ Nationalfeiertag ○ Schulbeginn.
2. Das Bundesland Bayern hat die meisten ○ Arbeitstage ○ Feiertage.
3. Arbeitnehmer sind in der Regel ○ gesetzlich ○ privat krankenversichert.
4. In jedem Unternehmen gelten ○ tarifrechtliche ○ andere Regelungen.
5. Arbeitnehmer arbeiten ○ durchschnittlich ○ regelmäßig 35 bis 38 Stunden pro Woche.
6. Der Betriebsrat schützt ○ den Arbeitgeber ○ die Arbeitnehmer.

der Arbeitgeber (-), der Arbeitnehmer (-), der Nationalfeiertag (-e), der Tarif (-e)
gelten-gilt-hat gegolten, schützen ■ durchschnittlich

Teste dich!

T1 Alltagsdinge

Ergänzen Sie die Artikel *ein/kein* und die Indefinitpronomen *einer/keiner/welcher* in der richtigen Form.

- ● Es ist (1) *kein* Brot mehr da. Wir müssen unbedingt (2) *eins/welches* kaufen.
- ■ Ich sehe auch (3) ________ Milch mehr. Oder ist noch (4) ________________ im Kühlschrank?
- ● Nein, ich sehe auch (5) ________.

- ▲ Ich muss noch kurz in die Apotheke, weil ich (6) ________ Medikamente mehr habe und (7) __________ für den Urlaub brauche.
- ◆ Bringst du mir Hustenbonbons mit? Aber (8) ________ mit Kräutern, ich mag nur (9) __________ mit Kirschgeschmack.
- ▲ Klar, wenn ich (10) __________ finde…

- ● Meine Oma möchte (11) _____ Handy, aber (12) ________ mit Vertrag.
- ■ Deine Oma ist aber modern! Meine Oma hat (13) ________ und will auch (14) ________.

- ▲ Wann willst du dir endlich (15) ________ Drucker kaufen?
- ◆ Ich brauche doch (16) __________. Ich habe doch (17) ________ im Büro.

☺ ○ 😐 ○ ☹ ○

T2 Tipps für Arbeit und Beruf

Bilden Sie Sätze mit *wenn* und *sollte*.

1. lernen wollen (ihr) – Deutsch – gut / besuchen – Deutschkurs: *Wenn ihr gut Deutsch lernen wollt, solltet ihr einen Deutschkurs besuchen.*
2. suchen (du) – Job / lesen – Stellenanzeigen: ______________________________

____

3. arbeiten wollen (Lisa) – Hotel – in – an der Rezeption / sprechen – zwei oder drei Fremdsprachen: ______________________________

____

4. jobben wollen (Marco) – Taxifahrer / fahren können – Auto – gut: ______________

____

5. studieren wollen (Sie) – Deutschland / gehen – Studienberatung – in: ______________

____

6. weiterkommen wollen (man) – Beruf / gehen – Ausland: ______________

____

7. kochen (du) – andere – gern / machen – Ausbildung – als Koch: ______________

____

☺ ○ 😐 ○ ☹ ○

T3 Meine Arbeit

Ergänzen Sie das passende Wort in der richtigen Form.

Arbeitszeit • ~~Bar~~ • bei • beraten • Betriebsrat • einer • Feiertag • freundlich • Gast • in • Kollege • Lösung • Mitarbeiter • schwierig • Überstunde • Verkäuferin • wahrscheinlich • wenn

Eva: Ich arbeite in einem Hotel in der (1) *Bar*. Zu den (2) __________ muss man immer (3) __________ und nett sein. Aber manchmal sind die Gäste (4) __________. Mich stören auch die (5) __________. Immer abends und (6) ______ der Nacht! Lange bleibe ich da (7) __________ nicht.

Jannis: Ich habe ein Blumengeschäft mit drei (8) __________. (9) __________ von ihnen ist Azubi. Am Wochenende und an den (10) __________ machen wir regelmäßig (11) __________. Das ist (12) ______ uns ganz normal!

Natalija: Ich bin (13) __________ in einem Supermarkt. Dort bin ich im (14) __________. (15) ______ es ein Problem gibt, fragen mich die (16) __________. Ich (17) __________ sie gern und spreche auch mit dem Chef. Oft finden wir eine (18) __________.

☺ ○ 😐 ○ ☹ ○

C Sport und Lernen

C1 Bewegung ist alles! Reflexivpronomen im Akkusativ

GR Ergänzen Sie das richtige Reflexivpronomen und unterstreichen Sie das Bezugswort. Ergänzen Sie den Infinitiv.

dich • euch (2x) • mich (2x) • ~~sich~~ • sich (3x) • uns

1. Wenn Sie fit bleiben möchten, sollten Sie *sich* mehr bewegen. → *sich bewegen*
2. Sie ärgert ______, weil sie keine Zeit für Sport hat. → ______________
3. Wenn es nicht regnet, treffen wir _____ heute Abend zum Joggen.
   → ______________
4. Wann meldest du ______ endlich im Fitnessclub an? → ______________
5. Er entspannt ______ am besten, wenn er Yoga macht. → ______________
6. Ihr solltet ______ regelmäßig zum Schwimmen verabreden.
   → ______________
7. Ich bewege ______ zu wenig, weil ich die ganze Zeit im Büro sitze.
   → ______________
8. Ich fühle ______ nur gut, wenn ich täglich Gymnastik mache.
   → ______________
9. Beeilt ______ mit der Arbeit! Wir wollen noch Fußball spielen.
   → ______________
10. Viele Kollegen interessieren ______ für Sportmöglichkeiten in der Firma.
    → ______________

Ergänzen Sie die Reflexivpronomen im Akkusativ.

Singular	Plural
ich fühle ______	wir treffen ______
du meldest ______ an	ihr verabredet ______
er entspannt ______	sie interessieren ______
sie ärgert ______	Sie bewegen *sich*

Aufgepasst!
Reflexive Verben haben ein Reflexivpronomen im Akkusativ, das sich auf das Subjekt bezieht. Außer in der 3. Person gleicht es dem Personalpronomen.
***Ich** bewege **mich** gern. **Er** bewegt **sich** nie.*
Manche Verben haben immer ein Reflexivpronomen: *sich beeilen* → ***Wir** müssen **uns** beeilen.* Manche verwendet man auch ohne Reflexivpronomen:
(sich) ärgern → ***Sie** ärgert **ihren Bruder**. / **Sie** ärgert **sich** über ihren Bruder.*

C2 Wasch dich bitte! Verben mit und ohne Reflexivpronomen

GR Was gehört zusammen? Verbinden Sie. Unterstreichen Sie das Reflexivpronomen bzw. die Akkusativergänzung.

1. Wasch
2. Ich wasche
3. Meine Tochter kann
4. Ich muss noch
5. Dein Mann ernährt
6. Wir möchten
7. Schminkt ihr
8. Zu Fasching schminken wir

a) sich nicht sehr gesund.
b) dich bitte!
c) euch wirklich jeden Tag?
d) unsere Kinder gesund ernähren.
e) sich schon allein anziehen.
f) zweimal pro Woche Wäsche.
g) die Kinder als Tiere.
h) meinen Sohn anziehen.

1	2	3	4	5	6	7	8
b							

die Bewegung (-en), die Fitness, die Gymnastik, das Tier (-e), die Wäsche
(sich) anmelden, (sich) anziehen-zieht an-hat angezogen, (sich) ausziehen-zieht aus-hat ausgezogen, (sich) ärgern, sich beeilen, (sich) bewegen, (sich) ernähren, (sich) fühlen, (sich) interessieren, joggen, (sich) schminken, (sich) verabreden, (sich) waschen-wäscht-hat gewaschen ■ täglich

C

C3 Stell dir vor ... Reflexivpronomen im Dativ

GR Ergänzen Sie das richtige Reflexivpronomen und unterstreichen Sie die Akkusativergänzung.

dir • ~~dir~~ • euch • mir • sich (3x) • uns

1. Stell *dir* das vor:
2. Er hat ________ nicht die Zähne geputzt.
3. Sie hat ________ nicht die Hände gewaschen.
4. Warum habt ihr ________ nicht die Schuhe ausgezogen?
5. Warum hast du ________ nicht die Haare gekämmt?
6. Warum rasieren Sie ________ nicht den Bart?
7. Das kann ich ________ nicht vorstellen!
8. Wir haben ________ die Jacken angezogen und sind gegangen.

Aufgepasst!
Bei reflexiven Verben steht das Reflexivpronomen im Dativ, wenn das Verb bereits eine Akkusativergänzung hat: ***Ich** wasche **mich***. Aber: ***Ich** wasche **mir** die Hände.*
Außer in der 1. und 2. Person Singular gleichen sich die Reflexivpronomen im Akkusativ und Dativ: ***Sie** kämmt **sich (Akk.)**. / **Sie** kämmt **sich (Dat.)** die Haare.*
Aber: ***Du** kämmst **dich**. / **Du** kämmst **dir** die Haare.*

C4 Konzentration oder Entspannung

WS Was passt nicht? Streichen Sie.

1. sich rasieren – ~~sich umziehen~~ – sich kämmen – sich schminken
2. sich treffen – sich verabreden – sich sehen – sich beeilen
3. sich zurückziehen – sich anziehen – sich ausziehen – sich umziehen
4. sich ausruhen – sich entspannen – sich konzentrieren – sich hinlegen

(sich) ausruhen, (sich) kämmen, (sich) rasieren,
(sich) umziehen-zieht um-hat umgezogen, (sich) vorstellen

C5 Schulzeit Verben, Nomen und Adjektive mit Präposition

GR + WS Ergänzen Sie das passende Verb, Nomen oder Adjektiv und unterstreichen Sie die Präposition. Ergänzen Sie den Infinitiv mit Präposition und Kasus.

Angst • ärgert • beschweren • ~~Denkst~~ • Erinnert • Erzähl • gefreut (2x) • gekümmert • gesprochen • interessiert • Lust • träumt • zufrieden

1. *Denkst* du gern an deine Schulzeit? → *denken an + Akkusativ*
2. ______ mal von deiner Schulzeit. → ______
3. Peter hat sich besonders für Mathematik ______, aber auch für Physik, Chemie und Biologie. → ______
4. Ich habe mich immer auf den Unterricht in Musik und Kunst ______. → ______
5. Wir hatten nie ______ auf Geschichte, weil der Lehrer so streng war. → ______
6. Warum ______ ihr euch heute noch über euren Erdkundelehrer? → ______
7. Jeder von uns hatte ______ vor den Prüfungen und vor dem Zeugnis. → ______
8. ______ ihr euch noch an eure Zeugnisnoten? → ______
9. Maria ______ oft von der Abiturprüfung. → ______
10. Wir haben uns alle über das Abitur ______. → ______
11. Habt ihr nie über eure Pläne und Wünsche nach dem Schulabschluss ______? → ______
12. Wir haben uns selten um die Hausaufgaben ______. → ______
13. Deshalb waren unsere Eltern oft nicht ______ mit uns. → ______
14. Heute ______ wir uns nicht mehr über die Schulzeit, denn sie war eigentlich sehr schön. → ______

Aufgepasst!
Lernen Sie bei den Verben mit Präposition die Präposition immer mit:
*denken **an** + Akkusativ*
Auch Nomen und Adjektive können eine Präposition haben:
*Lust (haben) **auf** + Akkusativ, zufrieden (sein) **mit** + Dativ*
Einige Verben mit Präpositionen sind reflexiv:
***sich** freuen **über** + Akkusativ, **sich** kümmern **um** + Akkusativ*

C6 Sport im Verein Verben mit Präposition

GR Kreuzen Sie die richtige Präposition an.

1. Wenn du Lust ○ an ⊗ auf Sport hast, solltest du dich im Verein anmelden.
2. Als Mitglied im Verein kümmert man sich optimal ○ für ○ um dich.
3. Interessiert du dich ○ an ○ für Mannschaftssport?
4. Ich freue mich jede Woche ○ auf ○ für das Training in der Gruppe.
5. Im Training hat man Spaß und denkt nicht ○ an ○ über die Arbeit.
6. Oft sprechen wir ○ für ○ über das Training, weil wir uns verbessern möchten.
7. Ich bin seit zehn Jahren im Verein und sehr zufrieden ○ mit ○ über allem.
8. Wenn du Interesse hast, können wir uns treffen und ich erzähle dir

   ○ von ○ vor unserem Sportverein.

das Abitur, der Abschluss (¨-e), die Gruppe (-n), die Mannschaft (-en), die Note (-n),
der Plan (¨-e), die Prüfung (-en), der Wunsch (¨-e), das Zeugnis (-se)
das Fach/Schulfach (¨-er): die Biologie, die Chemie, die Erdkunde/Geografie, die Geschichte, die Kunst, die Mathematik, die Musik
sich ärgern über (*Akk.*), sich beschweren über (*Akk.*), denken an (*Akk.*)-denkt-hat gedacht, (sich) erinnern an (*Akk.*), erzählen von (*Dat.*), sich freuen auf/über (*Akk.*), sich interessieren für (*Akk.*), sich kümmern um (*Akk.*), sprechen über (*Akk.*)-spricht-hat gesprochen, träumen von (*Dat.*), (sich) verbessern
Angst haben vor (*Dat.*), Lust haben auf (*Akk.*), zufrieden sein mit (*Dat.*)

C7 Wortketten

WS Was passt zusammen? Bilden Sie Wortketten mit Komposita und ergänzen Sie den Artikel.

-abitur • -abschluss/Abschluss- • ~~-alter~~ • -angst • -ermäßigung • -kalender • ~~-note/Noten-~~ • -mitglied/Mitglieds- • -schule/Schul- • -sport/Sport- • -unterricht/Unterrichts- • -zahlung

1. *die* Zeugnis*note* – *der* *Noten*durchschnitt – *das* Durchschnitts*alter*
2. _____ Hochschul_______________ – _____ _______________prüfung – _____ Prüfungs________
3. _____ Deutsch_______________ – _____ _______________fach – _____ Fach________
4. _____ Vereins_______________ – _____ _______________beitrag – _____ Beitrags________
5. _____ Grund__________ – _____ __________kind – _____ Kinder_______________
6. _____ Früh__________ – _____ __________veranstaltung – _____ Veranstaltungs_______________

C8 Sportarten

WS Wie heißen die Wörter? Ergänzen Sie die fehlenden Vokale.

1. Mein L*i*_*e*_bl*i*_ngssp*o*_rt ist Schw*i*_mm*e*_n.
2. Ich mag B_llsp_rt_rt_n: V_ll_yb_ll, B_sk_tb_ll und H_ndb_ll.
3. Magst du _ _sh_ck_y? Bald finden die W_ltm_ _st_rsch_ft_n statt.
4. Unsere F_ßb_llm_nnsch_ft ist in dieser S_ _s_n M_ _st_r geworden.
5. Sk_f_hr_n finde ich zu teuer. _ _ß_rd_m ist es schlecht für die _mw_lt.
6. Der Arzt hat meiner Oma W_ss_rgymn_st_k _mpf_hl_n.

der Beitrag (¨-e), die Ermäßigung (-en), die Hochschule (-n), der Meister (-), die Saison, die Umwelt, der Verein (-e), die Weltmeisterschaft (-en)
die Sportart (-en): das Eishockey, der Basket-/Hand-/Volleyball, das Skifahren
empfehlen-empfiehlt-hat empfohlen ■ außerdem

C9 vhs-Kurse *Wofür? – Dafür.*

GR Was gehört zusammen? Ordnen Sie zu und unterstreichen Sie die Fragewörter mit *wo(r)-* und die Adverbien mit *da(r)-*.

1. Wofür interessierst du dich an der Volkshochschule?
2. Worauf freust du dich?
3. Womit sind Sie besonders zufrieden?
4. Woran denken Sie, wenn Sie „vhs" hören?
5. Worüber haben Sie sich bei uns schon geärgert?

a) An meinen Deutschkurs. Daran denke ich sehr gern.
b) Mit dem Kursangebot. Damit kann man sehr zufrieden sein.
c) Für das Sportangebot. Dafür interessiert sich auch meine Freundin.
d) Über die Kursräume im Keller. Darüber ärgern sich viele Leute.
e) Auf den Malkurs. Darauf freue ich mich wirklich sehr.

1	2	3	4	5
c				

Ergänzen Sie.

Verb mit Präposition	Fragewort	Präpositionaladverb
sich ärgern *über*	*Worüber?*	*darüber*
denken ______	______	______
sich freuen ______	______	______
sich interessieren ______	______	______
zufrieden sein ______	______	______

Aufgepasst!
Mit *wo(r)-* + Präposition fragt man nach Dingen, mit *da(r)-* + Präposition bezieht man sich auf Dinge:
***Wofür** interessierst du dich? – **Für** Sport. – **Dafür** interessiere ich mich auch.*
Beginnt die Präposition mit Vokal, folgt nach *wo/da* ein *-r-*:
Worauf freust du dich? – Auf den Urlaub. – Darauf freue ich mich auch.

C10 Was wolltest du werden? Modalverben im Präteritum

GR Ergänzen Sie *können, müssen, dürfen, wollen* oder *sollen* in der richtigen Form.

1. Ich _wollte_ schon immer Lehrerin werden.
2. Er s________ Arzt werden wie sein Vater, aber er w________ das nicht.
3. Wir k________ nicht studieren, weil wir arbeiten s________.
4. Warum d________ du nicht Schauspieler werden? K________ deine Eltern deinen Wunsch nicht verstehen?
5. Ich m________ zuerst Bäcker lernen, weil meine Eltern eine Bäckerei besitzen. Aber später d________ ich studieren.
6. Sie (Pl.) s________ sich um ihre Ausbildung kümmern, aber sie w________ lieber reisen.
7. Warum k________ Sie kein Gymnasium besuchen?
8. Sie (Sg.) m________ als Kind immer lernen und d________ nicht oft spielen.
9. M________ ihr eine Sprachprüfung machen?
10. W________ ihr für die Prüfung wirklich keinen Vorbereitungskurs machen?

Ergänzen Sie die Formen der Modalverben im Präteritum.

können/müssen/dürfen	
1. ich konnte/m________/d________	4. wir k________/m________/ durften
2. du konntest/musstest/d________	5. ihr konntet/m________/durftet
3. er/sie/es konnte/m________/ d________	6. sie/Sie k________/mussten/ durften

wollen/sollen	
1. ich _wollte_/s________	4. wir wollten/s________
2. du wolltest/solltest	5. ihr w________/s________
3. er/sie/es w________/s________	6. sie/Sie w________/s________

> **Aufgepasst!**
> Bei den Modalverben *können*, *müssen* und *dürfen* gibt es im Präteritum keinen Umlaut:
> *können → er k**o**nnte, müssen → er m**u**sste, dürfen → er d**u**rfte*

der Bäcker (-), das Gymnasium (-ien), der Schauspieler (-), die Volkshochschule (-n)/vhs, die Vorbereitung (-en)

C11 Meinungen *dass*-Sätze

GR+WS **Bilden Sie Sätze mit Verben des Meinens und *dass*. Vergessen Sie das Komma vor *dass* nicht.**

Ich Wir Mein Vater Meine Mutter Meine Eltern	finden, glauben, denken, meinen	dass	Ich habe die Prüfung (nicht) bestanden. Mein Bruder arbeitet zu viel. Wir bewegen uns zu wenig. Jeder soll einen Beruf lernen. Gute Noten sind (nicht) wichtig. Viele Leute haben keine Zeit für Sport. Stress macht krank.
Ich	*finde,*	*dass*	*gute Noten nicht wichtig sind.*
______	______	______	______
______	______	______	______
______	______	______	______
______	______	______	______
______	______	______	______
______	______	______	______

> **Aufgepasst!**
> Nach Verben des Sagens, Meinens und Fühlens kann ein *dass*-Satz folgen. In *dass*-Sätzen steht das Verb am Ende. Vor *dass* steht ein Komma.
> *Ich **weiß/glaube, dass** Sport wichtig **ist**. / Ich **freue** mich**, dass** du gekommen **bist**.*
> Auch nach unpersönlichen Ausdrücken kann *dass* stehen:
> ***Es ist schön, dass** du gekommen bist. / **Es tut mir leid, dass** ihr keine Zeit habt.*

C12 Mein Beruf *dass*-Sätze

GR + WS Schreiben Sie die Sätze richtig. Achten Sie auf die Satzzeichen.

Isabel: IchfindedassderBerufSpaßmachenmussIchmöchteKrankenschwesterwerdenIch habeschoneinPraktikumimKrankenhausgemachtundbinsicherdassderBerufzumir passt *Ich finde, dass der Beruf Spaß machen muss.* ______________________

____

____

Nehad: IchhoffedassmanmeineAusbildunghieranerkenntInSyrienwarichProgrammierer MeineNachbarnhabenfürmicheinenJobineinerWerbeagenturgefundenIchfindees superdasssiemirgeholfenhaben ______________________

____

____

Igor: AutossindmeinHobbyDeshalbwaresfürmichklardassichberuflichAutosreparieren wollteIchbinglücklichdassicheinenAusbildungsplatzbekommenhabeImSeptember fangeichan ______________________

____

____

anerkennen-erkennt an-hat anerkannt, bestehen-besteht-hat bestanden, glauben, meinen ■ glücklich ■ es gut/schlecht usw. finden, dass

C

Teste dich!

T1 Stress am Morgen

Ergänzen Sie das passende Wort in der richtigen Form.

alles • an • sich anziehen • dafür • darüber (2x) • das • dass • es •
Familienmitglied • sich freuen • sich kämmen • sich kümmern • niemand •
Problem • sich rasieren • sich • ~~Stress~~ • wenn • zusammen

Bei uns zu Hause ist am Morgen immer (1) _Stress_, vor allem im Bad. Alles muss schnell gehen. (2) ______ nervt mich. Vier (3) ________________ duschen und (4) __________ ______ ______. Mein Mann (5) __________ ______ ohne Spiegel, weil die Töchter (6) ______ __________ und schminken wollen. Sie finden (7) ______ wichtig, (8) ______ sie jeden Tag perfekt aussehen. (9) ______ die Hausaufgaben denken sie nicht so oft. Ich (10) __________ ______ dann um das Frühstück für alle. Wir frühstücken aber nicht (11) __________, weil (12) ______ keine Zeit ist. Das (13) __________ ist, dass (14) __________ pünktlich die Wohnung verlässt. Wir haben schon hundertmal in der Familie (15) __________ gesprochen, aber es ändert (16) ______ nichts. Wir (17) __________ ______ immer auf den Abend, (18) ______ der Stress kurzzeitig ein Ende hat. Am nächsten Morgen fängt dann (19) ______ wieder von vorne an … Aber was soll ich mich (20) __________ beschweren? Das ist der ganz normale Wahnsinn!

☺ ○ 😐 ○ ☹ ○

T2 Urlaub und Freizeit

Ergänzen Sie die richtige Präposition und das Reflexivpronomen in der richtigen Form.

1. Im Urlaub ärgere ich _mich_ _über_ Lärm, weil ich ______ dann nicht entspannen kann.
2. Wenn wir in den Urlaub fahren, kümmern ______ unsere Nachbarn ____ die Post.
3. Die Kinder träumen ______ den Sommerferien, aber sie haben auch Angst ______ Langeweile.

4. Wollen wir _______ für Donnerstag verabreden? Ich möchte dir gern _______ meinem Segelurlaub erzählen.
5. Freust du _______ _______ den Tanzkurs? _______ meinen Tanzkurs denke ich gern.
6. Erinnert ihr _______ _______ die Fußballweltmeisterschaft? Wart ihr _______ eurer Mannschaft zufrieden?
7. Marlene interessiert _______ nur _______ Strandurlaub. Sie hat _______ nichts anderes Lust.
8. Die Schulfreunde haben _______ schon lange nicht mehr gesehen. Sie wollen _______ mal wieder treffen und _______ alte Zeiten sprechen.
9. Ich fühle _______ müde und freue _______ _______ das Wochenende.
10. Wenn Max im Urlaub ist, rasiert er _______ nicht und geht nicht _______ sein Handy.

☺ O 😐 O ☹ O

T3 Pläne und Meinungen

Bilden Sie *dass*-Sätze.

1. wissen (ich/Präsens) / wollen (du/Präteritum) – werden – Lokführer – schon immer:
Ich weiß, dass du schon immer Lokführer werden wolltest.
2. klar sein (Präteritum) / können (er/Präteritum) – bleiben – seine Eltern – bei:
Es war klar, _______________________________________.
3. glauben (wir/Perfekt) / wollen (er/Präteritum) – machen – Praktikum – Ausland – in:
_______________________________________.
4. denken (ich/Präsens) – wirklich / dürfen (sie/Sg. Präteritum) – studieren – nicht:
_______________________________________.
5. schön sein (Präsens) / sich interessieren für (Präsens) – Tochter – Geschäft der Eltern: _______________________________________.
6. es gut finden (wir/Präsens) / müssen (man/Präsens) – lernen – Fremdsprache – Schule – in: _______________________________________.

☺ O 😐 O ☹ O

D Feste und Aktivitäten

D1 Wem schenkt man was? Verben mit Dativ und Akkusativ

GR Ergänzen Sie die Dativendung *-em, -er* oder *-en*.

1. Kann man ein*em* Mann Blumen schenken?
2. Ich möchte mein_____ Frau zum Geburtstag ein Parfüm kaufen.
3. Wir schreiben unser_____ Eltern eine Karte aus dem Urlaub.
4. Hat sie ihr_____ Oma eine Einladung geschickt?
5. Warum zeigen Sie Ihr____ Vater nicht die Hochzeitsfotos?
6. Bring dein_____ Opa ein Glas Wasser.
7. Hast du mein_____ Kind die Schokolade gegeben?
8. Können Sie mein_____ Mutter einen Wein empfehlen?
9. Für das Fest leihe ich sein_____ Freundin mein Abendkleid.
10. Wir wünschen euch und eur_____ Gästen viel Spaß!

Ergänzen Sie die Endungen der Possessivartikel im Dativ.

Dativ	**Maskulinum (m):** **dem**	**Femininum (f):** **der**	**Neutrum (n):** **dem**
Singular	ein*em*/mein____/dein_____ Ihr____ Mann	einer/mein____/sein____/ ihr____ Frau	einem/mein_____ Kind
Plural: **den**	meinen/unser____/eur____ Eltern		

Aufgepasst!

Manche Verben wie *geben, zeigen, schenken* usw. haben eine Dativ- und eine Akkusativergänzung. Im Dativ stehen meist Personen und im Akkusativ Sachen. Nach der Person im Dativ fragt man mit *wem?* und nach der Sache im Akkusativ mit *was?*
*Ich **schenke** meiner Mutter* (*wem?* Dativ) *ein Parfüm* (*was?* Akkusativ).
Die Endungen für den unbestimmten Artikel und den Possessivartikel sind gleich.
Sie entsprechen dem bestimmten Artikel: ***dem*** (m/n) → *ein**em**/mein**em*** usw.,
*de**r*** (f) → *ein**er**/mein**er*** usw., *de**n*** (Pl.) → *mein**en*** usw.

das Parfüm (-s) ■ empfehlen-empfiehlt-hat empfohlen, geben-gibt-hat gegeben

D2 Von wem ist das Geschenk? *von* + Dativ

GR Ergänzen Sie nach *von* die Person im Dativ.

1. Der Geldbeutel ist von _meiner_ _Oma_. (meine Oma)
2. Die Puppen haben die Kinder von ________ ________ bekommen. (ihre Eltern)
3. Was ist in der Schachtel von ________ ________? (unser Opa)
4. Die DVD ist von ________ ________. (seine Freundin)
5. Ist die Kette von ________ ________? (dein Freund)
6. Die Blumen sind sicher von ________ ________, oder? (eure Nachbarn)
7. Die Glückwunschkarte ist von ________ ________. (meine Kollegen)
8. Von ______ habt ihr die Pralinen geschenkt bekommen? (wer)

D3 Glückwunschkarte

WS Was passt zusammen? Bilden Sie Komposita und ergänzen Sie den Artikel.

~~-karte~~ • -herz • -kleid • -papier
Gold- • Parfüm- • Pralinen- • Hochzeits-

1. _____ Glückwunsch_karte_
2. _____ ________kette
3. _____ Geschenk________
4. _____ ________flasche
5. _____ Abend________
6. _____ ________schachtel
7. _____ Schokoladen________
8. _____ ________torte

der Geldbeutel (-), die DVD (-s), das Herz (-en), die Kette (-n), die Puppe (-n), die Schachtel (-n), die Torte (-n) ■ etwas geschenkt bekommen (von)

D4 Hotel Eden Satzstellung bei Dativ- und Akkusativergänzungen

GR Ergänzen Sie das passende Dativpronomen und unterstreichen Sie die Akkusativergänzung.

dir • ~~euch~~ • euch • Ihnen • ihr • mir

1. Kennt ihr das Hotel Eden? Ich kann *euch* dieses Hotel wirklich empfehlen.
2. Wo liegt das Hotel? Kannst du _________ die Adresse geben?
3. Maria, soll ich _________ den Ort auf der Karte zeigen?
4. Wo ist Daniela? Ich möchte _________ den Weg zum Hotel erklären.
5. Frau Maier, soll ich _________ einen Prospekt mitbringen?
6. Wenn ihr wollt, schicke ich _________ den Link zur Homepage.

D5 Café Heller Satzstellung bei Dativ- und Akkusativergänzungen

GR Ersetzen Sie die Akkusativergänzung durch ein Akkusativpronomen und schreiben Sie die Sätze neu. Achten Sie auf die Satzstellung.

~~es~~ • es • ihn (2x) • sie (2x)

Kennen Sie das Café Heller?

1. Ich kann Ihnen das Café empfehlen. *Ich kann es Ihnen empfehlen.*
2. Kannst du Herrn Maier die Adresse geben? _________________________
3. Ich zeige euch das Café auf der Karte. _________________________
4. Soll ich euch den Weg dorthin erklären? _________________________
5. Du musst dir unbedingt die Torten dort anschauen. _________________________
   ____
6. Wenn Sie wollen, schicke ich Ihnen den Link zur Homepage. _________________________
   ____

Aufgepasst!
Bei Verben mit Dativ- und Akkusativergänzung steht der Dativ vor dem Akkusativ:
*Ich schenke **meiner Mutter*** (Dat.) ***ein Parfüm***(Akk.). / *Ich schenke **ihr ein Parfüm**.*
Ist der Akkusativ ein Personalpronomen, steht er vor dem Dativ:
*Ich schenke **es meiner Mutter**. / Ich schenke **es ihr**.*

D6 Hochzeit

WS Was passt nicht? Streichen Sie.

1. Braut – Bräutigam – Brautpaar – Gäste – ~~Betrieb~~
2. tanzen – feiern – sich unterhalten – entscheiden – essen
3. Trauung – Oper – Standesamt – Kirche – Hochzeit
4. schenken – lachen – trinken – fotografieren – streiten
5. Diplom – Ringe – Geschenke – Blumen – Hochzeitstorte
6. einladen – planen – weinen – dekorieren – organisieren

die Kirche (-n), die Oper (-n), die Trauung (-en), dekorieren, (sich) entscheiden-entscheidet-hat entschieden, streitet-streitet -hat gestritten, (sich) unterhalten-unterhält-hat unterhalten, weinen

D7 Hochzeitseinladung

WS Ergänzen Sie das passende Nomen oder Verb in der richtigen Form.

feiern • Fest • Geschenk • freuen • ~~heiraten~~ • Hochzeit • Hochzeitstorte • hoffen • Hotel • Kirche • stattfinden • tanzen • Trauung • warten

Wir (1) *heiraten* ...

und möchten Dich/Euch herzlich zu unserer (2) ________ einladen. Sie (3) ________ am Samstag, dem 5. Juni, in Starnberg ________. Wir treffen uns um 14 Uhr vor der (4) ________ Sankt Georg. Nach der (5) ________ möchten wir mit Euch (6) ________. Ab 17 Uhr geht das (7) ________ im Hotel am See weiter, wo wir zusammen essen, trinken und natürlich (8) ________ wollen. Ein 5-Gänge-Menü, (9) ________ und Champagner (10) ________ auf Euch.

Wir (11) ________, dass Ihr alle kommt! Im (12) ________ sind Zimmer für Euch reserviert.

Apropos (13) ________: Wir ziehen bald um und (14) ________ uns über Geldgeschenke für die neue Wohnung.

Ina & Paul

D8 Das ist mir wichtig.

WS Wie kann man noch sagen? Ordnen Sie zu.

1. Ich finde, dass Geburtstage wichtig sind.
2. Am wichtigsten ist, dass viele Gäste kommen.
3. Ein Geburtstagskuchen muss sein.
4. Ich finde die Dekoration nicht so toll.
5. Einladungskarten müssen nicht sein.
6. Wir finden es toll, dass alle kommen.

a) Wir freuen uns, dass alle kommen.
b) Geburtstage sind mir wichtig.
c) Einladungskarten brauchen wir nicht.
d) Ohne Geburtstagskuchen geht es nicht.
e) Die Dekoration gefällt mir nicht so gut.
f) Die Hauptsache ist, dass viele Gäste kommen.

1	2	3	4	5	6
b					

D9 Partys

GR+WS Schreiben Sie die Sätze richtig. Achten Sie auf die Satzzeichen.

David: FürgutePartyssinddreiDingewichtigvieleLeuteBierundMusikAllesandereist Nebensache *Für gute Partys sind drei Dinge wichtig: viele Leute,* ____________________

____

Elsa: TanzenbringtStimmungundmachtSpaßDafürsolltemanaberPlatzhabenWarumnicht ineinenClubgehenunddortfeiern ____________________

____

Hajo: EinSprichwortsagtMansolldieFestefeiernwiesiefallenDasfindeichgutGibtesdas SprichwortauchineurerHeimat ____________________

____

Sabrina: SindPartyswirklichsowichtigIchunterhaltemichlieberinRuhemitFreundenzu HauseoderimCaféDazubraucheichkeinePartys ______________________________

____

D10 Und trotzdem ... Konjunktionaladverb *trotzdem*

GR Verbinden Sie die Sätze mit *trotzdem*.

1. Anja hat wenig Geld. Sie kauft ihrem Vater ein teures Geburtstagsgeschenk:
   Trotzdem kauft sie ihrem Vater ein teures Geburtstagsgeschenk.
2. Peter hat Urlaub. Er hat den ganzen Tag gearbeitet: ______________________________
   ____
3. Die Marmelade ist selbst gemacht. Sie schmeckt nicht: ______________________________
   ____
4. Das Geschenk war nicht teuer. Es kommt von Herzen: ______________________________
   ____
5. Wir haben viel für die Prüfung gelernt. Wir sind sehr nervös: ______________________________
   ____
6. Deine Erklärungen sind gut. Sie überzeugen mich nicht: ______________________________
   ____

Aufgepasst!
Mit dem Adverb *trotzdem* drückt man aus, dass etwas gegen die normale Erwartung geschieht. *Trotzdem* kann am Satzanfang oder nach dem Verb stehen.
Es regnet. ***Trotzdem*** *gehen wir spazieren. / Wir gehen* ***trotzdem*** *spazieren.*

die Heimat, das Herz (-en), die Leute (*Pl.*), die Stimmung ■ überzeugen ■ nervös

D

D11 Vorschläge für das Wochenende *können* im Konjunktiv II

GR Ergänzen Sie *können* in der richtigen Konjunktivform.

1. Ich *könnte* am Wochenende auf den Flohmarkt gehen.
2. Du ____________ am Sonntag bei den Großeltern vorbeischauen.
3. Ihr ____________ zusammen ins Kino oder ins Theater gehen.
4. Die Gaststudenten ____________ eine Stadtrundfahrt machen.
5. Unsere Nachbarin ____________ mit uns an den Chiemsee fahren.
6. Wir ____________ am Samstagabend mal wieder in einen Club gehen.

Ergänzen Sie die Formen von *können* im Konjunktiv II.

1. ich *könnte*
2. du ____________
3. er/sie/es ____________
4. wir ____________
5. ihr ____________
6. sie/Sie ____________

D12 Wünsche *sein* und *haben* im Konjunktiv II

GR Kreuzen Sie das richtige Verb im Konjunktiv an.

1. Ich ⊗ hätte ○ wäre gern eine Eintrittskarte für das Jazzkonzert.
2. Du ○ hättest ○ wärest jetzt sicher gern zu Hause.
3. Wir ○ hätten ○ wären gern ein Haus am Meer.
4. Meine Freundin ○ hätte ○ wäre gern vier Kinder.
5. ○ Hättet ○ Wäret ihr gern einmal im Fernsehen?
6. ○ Hätten ○ Wären Sie gern Politiker?

Ergänzen Sie die Formen von *sein* und *haben* im Konjunktiv II.

1. ich *hätte* / *wäre*
2. du ____________ / ____________
3. er/sie/es ____________ / ____________
4. wir ____________ / ____________
5. ihr ____________ / ____________
6. sie/Sie ____________ / ____________

D13 Was würdest du am liebsten tun? Konjunktiv II mit *würde*

GR + WS **Bilden Sie Wunschsätze mit *würde*.**

Ich Du Mein Freund Meine Freundin Wir Ihr Meine Freunde	würde würden würdest würdet	gern lieber am liebsten	am Sonntag ausschlafen, das Wochenende zu Hause verbringen, etwas mit Freunden unternehmen, aufs Oktoberfest gehen, bei einem Kunst-Workshop mitmachen, eine Party organisieren, eine Sprachreise machen, segeln lernen
Ich	*würde*	*gern*	*am Sonntag ausschlafen.*
______	______	______	______
______	______	______	______
______	______	______	______
______	______	______	______
______	______	______	______
______	______	______	______
______	______	______	______

Aufgepasst!

Wünsche kann man mit *hätte/wäre/würde* (Konjunktiv II) + *gern* (*lieber, am liebsten*) formulieren.

Ich ***hätte gern*** *ein Auto, er* ***hätte lieber*** *ein Haus.*

Ich ***wäre gern*** *Politiker, er* ***wäre lieber*** *Manager.*

Ich ***würde gern*** *viel Geld verdienen. Sie* ***würde am liebsten*** *im Ausland studieren.*

der Club (-s), die Eintrittskarte (-n), der Flohmarkt (¨-e), der Jazz, die Rundfahrt (-en), der See (-n), der Vorschlag (¨-e)
unternehmen-unternimmt-hat unternommen, verbringen-verbringt-hat verbracht

D

D14 WhatsApp-Nachrichten

WS Was gehört zusammen? Ordnen Sie zu und entscheiden Sie, ob die Antwort positiv (+) oder negativ (–) ist.

1. Können wir kurz telefonieren? Es ist wichtig.
2. Hast du heute Abend Zeit? Wir könnten uns bei mir treffen.
3. Wollen wir zusammen lernen?
4. Ich brauche Schuhe. Fährst du mit in die Stadt?
5. Gehen wir am Wochenende bowlen?
6. Bist du nächste Woche bei unserer Fahrradtour dabei?
7. Ich gehe mit Lisa ins Ballett. Wir hätten noch eine Karte ...

a) Schade! Geht leider nicht ☹. Vielleicht morgen. Ich schreibe dir.

b) Leider nein. Meine Verletzung ... Ich darf keinen Sport machen ☹

c) Gute Idee! ☺ Ich habe noch nichts geplant. Samstag oder Sonntag?

d) In Ordnung. Ich rufe dich in zehn Minuten an.

e) Ja! ☺ Treffpunkt wie immer? An der U-Bahn? Wann?

f) Danke! Nichts für mich. Zu viel Kultur! Aber Mia könnte Interesse haben.

g) Einverstanden! Zu zweit lernt man besser. Ich wollte dich auch fragen.

1	2	3	4	5	6	7
d+						

D15 Wo ist was los?

WS Wie heißen die Wörter? Ergänzen Sie die fehlenden Vokale.

1. Im J*u*l*i* findet in München die R*a*dln*a*cht statt. Dann gehören die Str*a*ß*e*n von München den R*a*df*a*hr*e*rn.
2. Im Kölner Sch_k_l_d_nm_s__m dürfen Kinder Sch_k_pr_l_n_n d_k_r__r_n und nach Hause m_tn_hm_n.
3. In der W__hn_chtsz__t sp__lt und singt das P_pp_nth__t_r in Berlin Charlottenburg die _p_r „Hänsel und Gretel".

D

4. In und um Frankfurt freuen sich die L_ _t_ auf die _pf_lw_ _nf_st_.
   _pf_lw_ _n ist dort das N_t_ _n_lg_tr_nk.
5. Im Fr_hj_hr und H_rbst gibt es in Hamburg K_nd_rfl_hm_rkt_ und K_nd_rkl_ _d_rm_rkt_. Dort findet man auch Sp_ _lz_ _g und Sp_rts_ch_n.
6. Gefällt Ihnen Str_ß_nm_s_k? In der Königstraße in Stuttgart sind Str_ß_nk_nstl_r zu Hause: Musiker, aber auch Maler und Artisten.
7. Interessieren Sie sich für N_t_rf_t_gr_f_ _? Unser N_t_rf_t_gr_f Walter S. _nt_rn_mmt mit Ihnen F_t_w_nd_r_ng_n an der Elbe in Dresden.
8. W_nt_r-Donauschw_mm_n in Neuburg: Anm_ld_ng _rf_rd_rl_ch. Die T_ _ln_hm_ erfolgt auf eigenes Risiko.

die Fahrradtour (-en), die Fotografie (-n), die Kultur, der Künstler (-), die Natur, das Rathaus (¨er), das Spielzeug, die Teilnahme (-n), der Treffpunkt (-e), die Wanderung (-en) ■ erforderlich

D

Teste dich!

T1 Geburtstagsfeier

Ergänzen Sie die passende Verbform.

hätte (2x) • könnte • könnten (2x) • wäre • wärest • ~~willst~~ • wollte • würde (3x)

- Hallo Mike! Bald ist doch dein Geburtstag, oder? (1) *Willst* du feiern?
- Ach, ich weiß nicht. Eigentlich (2) ________ ich dieses Jahr nicht feiern. Ich habe gar keine Zeit für die Organisation. Aber Lust (3) ________ ich schon.
- Ich (4) ________ dir helfen. (5) ________ du einverstanden?
- Ehrlich? Das (6) ________ natürlich super. Am liebsten (7) ________ ich einen Raum mieten. Das Essen (8) ________ die Gäste selbst mitbringen, für die Getränke (9) ________ ich sorgen.
- Ich (10) ________ da eine Idee: Bei uns im Haus gibt es einen Partykeller. Den (11) ________ wir vielleicht nehmen. (12) ________ das passen?
- Wenn der Raum frei ist, ja. Frag doch mal.

☺ ○ 😐 ○ ☹ ○

T2 Fragen

Formulieren Sie Fragen im Konjunktiv II.

1. studieren (du) – Ausland – in – einmal – gern:
   Würdest du gern einmal im Ausland studieren?
2. haben (wer) – viele Freunde – nicht – gern: ________
3. sein (ihr) – eure Heimat – in – jetzt – lieber: ________
4. fahren (Sie) – Urlaub – in – allein: ________
5. haben (du) – Hund – gern: ________
6. lernen (ihr) – welche Fremdsprache – gern: ________
7. sein (du) – Sportverein – in – gern: ________
8. tun (du) – was – jetzt – am liebsten: ________

☺ ○ 😐 ○ ☹ ○

T3 Gut, das mache ich.

Ergänzen Sie die Nomen und Pronomen im Dativ oder Akkusativ.

1. deine Mutter – das Foto: Zeig *deiner Mutter das Foto.* – Gut, ich zeige ___ ___.
2. ich – die CD: Bring _______ ___________ mit. – Wenn ich morgen komme, bring ich _______ _______ mit.
3. dein Bruder – das Geld: Gib ______________________ _________________ zurück. – Natürlich gebe ich ______ _______ zurück.
4. eure Eltern – die Ankunftszeit: Schreibt ________________________ ______________________. – Wir haben ______________________ schon geschrieben.
5. deine Freundin – der Laptop: Leih _____________________ ____________________. – Klar! Wenn sie ihn braucht, leih ich _______ _______.
6. wir – das Programm: Schick _________ ___________________________. – Ich schicke ______ _________ gern.

☺ ○ 😐 ○ ☹ ○

T4 Konzertkarten

Ergänzen Sie das passende Wort in der richtigen Form.

Buch • das (2x) • Datum • etwas • ~~euch~~ • euch • für • Glück • Hauptsache • ihm • Konzert • Konzertkarte • Praline • sein • trotzdem • vier • worüber

Habe ich (1) *euch* (2) ______ schon erzählt? Mein Bruder hatte Geburtstag und ich wollte (3) _____ (4) _________ schenken. Aber was? Er interessiert sich nicht (5) _____ Kleidung. Er liest auch keine (6) ___________ und er isst keine Schokolade oder (7) ______________. (8) _____________ würde er sich also wirklich freuen? Zum (9) _________ hatte ich die Idee mit der (10) ______________________. Das (11) _________ hat auch gepasst. Stellt (12) _______ vor, was dann passiert ist: Mein Bruder hat (13) _______ Konzertkarten bekommen, eine von mir und drei von (14) ___________ Freunden. Er hat sich (15) _______________ gefreut. Das war die (16) ____________________. Und nächste Woche gehen wir alle zusammen ins (17) _____________. (18) ______ finde ich super!

☺ ○ 😐 ○ ☹ ○

E Dinge und Kommunikation

E1 Dinge im Haus Adjektivdeklination im Nominativ und Akkusativ

GR Ergänzen Sie das passende Adjektiv mit der richtigen Endung.

1. Lag hier nicht ein *roter* Teppich? – Der ______ Teppich war nicht mehr schön und wir haben noch keinen ______ Teppich gefunden. (neuen – rote – ~~roter~~)
2. Du hast aber eine ______ Kommode! – Die ______ Kommode ist eine ______ Kommode von meiner Oma. Die ______ Kommoden in den Möbelgeschäften haben uns nicht gefallen. (alte – modernen – schöne – schöne)
3. Gefallen dir ______ Lampen? – Ich liebe ______ Lampen! Aber mein Mann möchte keine ______ Lampen im Haus haben. (moderne – moderne – modernen)
4. Ist das ein ______ Bild? – Ja. Das ______ Bild hat uns nicht mehr gefallen. Deswegen haben wir ein ______ Bild gekauft. (alte – neues – neues)
5. Wir haben jetzt im Wohnzimmer einen ______ Fernseher. Den ______ Fernseher brauchen wir nicht mehr. – Mir hat der ______ Fernseher immer gefallen. (großen – kleine – kleinen)

Ergänzen Sie die fehlenden Adjektivendungen im Nominativ und Akkusativ.

	der/ein	die/eine	das/ein	die/–
Nominativ	der rot__ Teppich	die schön__ Kommode	das alt__ Bild	die/keine modernen Lampen
	(k)ein rot*er* Teppich	(k)eine alt__ Kommode	(k)ein neu__ Bild	modern__ Lampen
Akkusativ	den klein__ Fernseher	die schön__ Kommode	das neue Bild	die/keine modern__ Lampen
	(k)einen groß__ Fernseher	(k)eine schöne Kommode	(k)ein neu__ Bild	modern__ Lampen

E2 Mit dem neuen Handy Adjektivdeklination im Dativ

GR Was gehört zusammen? Verbinden Sie.

1. Viel Freude mit dem
2. Das Bild ist in einem
3. Mit der
4. Aus den
5. Wir träumen von
6. Mit einem
7. Den Tisch können wir mit einer
8. In dem

a) alten Kamera habe ich keine Probleme.
b) kaputten Tassen kann man nicht mehr trinken.
c) bunten Poster kannst du die Tür bekleben.
d) neuen Handy!
e) schönen Kerze dekorieren.
f) großen Schrank findest du Tischdecken.
g) kleinen Karton.
h) modernen Möbeln.

1	2	3	4	5	6	7	8
d							

Ergänzen Sie die Adjektivendungen im Dativ.

	der/ein	die/eine	das/ein	die/–
Dativ	dem groß___ Schrank	der alt___ Kamera	dem neuen Handy	den kaputt___ Tassen
	einem klein___ Karton	einer schönen Kerze	einem bunt___ Poster	modern___ Möbeln

Aufgepasst!

Es gibt starke und schwache Adjektivendungen. Hat der Artikel keine Endung (*ein/kein/mein*) oder gibt es keinen Artikel, hat das Adjektiv die starke Endung. Die starken Endungen für Maskulinum Sg., Femininum Sg., Neutrum Sg. und Plural sind im Nominativ ***r-e-s-e***, im Akkusativ ***n-e-s-e*** und im Dativ ***m-r-m-n***. Die schwache Endung ist -***e*** oder -***n***.
Nominativ: *der alte Mann/ein alter Mann, die schöne Frau/eine schöne Frau, das kleine Kind/ein kleines Kind, die lieben Eltern/liebe Eltern*
Akkusativ wie Nominativ, außer Maskulinum Sg.: *den alten Mann/einen alten Mann*
Dativ: *dem alten Mann/einem alten Mann, der schönen Frau/einer schönen Frau, dem kleinen Kind/einem kleinen Kind, den lieben Eltern/lieben Eltern*

E3 Sein altes Auto Adjektivdeklination

GR Kreuzen Sie das Adjektiv mit der richtigen Endung an.

1. Weißt du schon, dass Marco sein ○ alter ○ alte ⊗ altes Auto verkauft hat?
2. Mein ○ weißer ○ weiße ○ weißen Hut gefällt mir nicht mehr.
3. In dem ○ schwarzen ○ schwarze ○ schwarzes Bikini sieht Jana super aus.
4. Die ○ brauner ○ braune ○ braunes Brieftasche ist alt und hässlich.
5. Bist du mit deiner ○ neue ○ neuem ○ neuen Kamera zufrieden?

6. Wir sollten das ○ scheußliche ○ scheußlichen ○ scheußliches Poster endlich wegwerfen.
7. Für die ○ schöne ○ schönen ○ schönes Kerze brauchen wir noch einen passenden Kerzenständer.
8. Ich finde den ○ neuen ○ neuem ○ neues Roman von Hannah Kristin sehr spannend.
9. ○ Elektrischen ○ Elektrisches ○ Elektrische Feuerzeuge sind ziemlich praktisch.
10. Die ○ unmoderne ○ unmodernen ○ unmodern Möbel gefallen niemandem.

der Bikini (-s), die Brieftasche (-n), das Feuerzeug (-e), der Hut (⸚e), die Kamera (-s), die Kerze (-n), das Poster (-), der Roman (-e) ■ elektrisch, praktisch, scheußlich, spannend

E4 Wanderrucksäcke und Sonnenhüte

WS Was passt zusammen? Bilden Sie Komposita und ergänzen Sie den Artikel.

-eisenbahn • ~~-hut~~ • -kamera • -licht • -stadion
Liebes- • Münz- • Papier- • Schaufenster- • Wander-

1. *der* Sonnen*hut*
2. _____ __________rucksack
3. _____ Sport__________
4. _____ __________puppe
5. _____ Spielzeug__________
6. _____ __________schere
7. _____ Fernseh__________
8. _____ __________automat
9. _____ Kerzen__________
10. _____ __________roman

E5 Ein Wohnzimmertisch Frageartikel *was für ein*

GR Ergänzen Sie (*was für*) *ein* und das passende Nomen in der richtigen Form.

Auto • Buch • Möbel • Reise • Schuh • ~~Tisch~~ • Wein • Wohnung

1. Was für *einen Tisch* habt ihr gekauft? – Einen Glastisch für das Wohnzimmer.
2. Was für _____ _____ liest du gerade? – Einen spannenden Krimi.
3. Was für __________ trägt sie am liebsten? – Alte Turnschuhe.
4. Was für _____ _____ habt ihr gemacht? – Eine Busreise nach Wien.
5. Was für _____ _____ möchten Sie trinken? – Einen leichten Rotwein.
6. Was für _____ _____ suchst du genau? – Ein möbliertes Apartment.
7. Was für _____ _____ fährt er? – Einen BMW.
8. Was für __________ wollt ihr euch kaufen? – Wir wissen es noch nicht.

Aufgepasst!
Mit ***was für ein?*** fragt man nach der Art oder Eigenschaft einer Sache (oder Person).
Was für eine *Hose hast du gekauft? –* ***Eine*** *Jeans. /* ***Was für ein*** *Mensch ist er?*
Aber: ***Welche*** *Hose hast du gekauft?* ***Die*** *blaue oder* ***die*** *schwarze? –* ***Die*** *blaue.*

die Eisenbahn (-en), die Liebe, die Münze (-n), der Rucksack (⸚e), das Schaufenster (-), die Schere (-n), das Stadion (-ien)

E

E6 Gegenteile Komparation

GR Ergänzen Sie die fehlenden Teile der Komparation.

1. *groß* – *größ*er – *am* größten ↔ *klein* – kleiner – am *kleinsten*
2. ______ – klüg____ – ____ ______sten ↔ dumm – ________ – ____ dümm______
3. jung – ______er – am ______sten ↔ _____ – _____er – am ält______
4. ______ – ________ – ____ läng______ ↔ kurz – kürz____ – am ______esten
5. hoch – _____er – am ______sten ↔ niedrig – niedrig____ – ____ niedrig______
6. _____ – ________ – ____ näch______ ↔ weit – ________ – am weit______
7. teuer – teur____ – ____ teuer______ ↔ ________ – billig____ – ____ billig______
8. ______ – besser – am ______ ↔ schlecht – schlecht____ – ____ schlecht______
9. viel – ______ – am ________ ↔ ________ – wenig____ – am ________sten
10. lieb/gern – ______er – am ______sten

E7 Größer oder genauso groß? Vergleich

GR Ergänzen Sie das Adjektiv in der richtigen Form und unterstreichen Sie das Vergleichswort.

1. Welche Stadt ist *größer* (groß), München oder Berlin? –

   Berlin ist *größer* als München.

2. Welche Sprache findest du *schwieriger* (schwierig), Deutsch oder Französisch? –

   Französisch finde ich genauso *schwer* wie Deutsch.

3. Welcher Berg ist ________ (hoch), die Zugspitze oder das Matterhorn? –

   Das Matterhorn ist ________ als die Zugspitze.

4. Welcher Fluss ist ________ (lang), der Rhein oder die Donau? –

   Die Donau ist etwa doppelt so ______ wie der Rhein.

5. Was findest du ________ (schön), Urlaub am Meer oder in den Bergen? –

   Ich finde Urlaub am Meer viel ________ als Urlaub in den Bergen.

6. Was findest du ____________ (interessant), Großstädte oder Dörfer? –

   Ich finde, ein Dorf kann genauso ____________ sein wie eine große Stadt.

E8 Am schönsten finde ich ... Superlativ

GR+WS Schreiben Sie die Sätze richtig. Achten Sie auf die Satzzeichen.

Paula: WasichinmeinerWohnungamschönstenfindeweißichnichtIchfindeeigentlichalles schönAmliebstenmagichdieKücheDahabeicheinenaltenHolztischDermachtdieKüche sogemütlich *Was ich in meiner Wohnung am schönsten finde, weiß ich nicht.* ____________

____

____

Adrian: FürmeineneueWohnunghabeichvielGeldausgegebenAmteuerstenwardasSofa EsistausschwarzemLederDaswarmirwichtigdennStoffsofasgefallenmirüberhaupt nichtLedersofassindauchampraktischstenSiepassenzuallem ____________

____

____

____

Molly: BeiMöbelnistmirguteQualitätamwichtigstenAmbestenfindeichNaturmaterialien HolzistdochvielbesseralsPlastikIchfindeMöbelausHolzmacheneineWohnungwarm undfreundlich ____________

____

____

Aufgepasst!

Den Komparativ der Adjektive bildet man mit *-er*, den Superlativ mit *-(e)sten*:
*schön → schön**er** → **am** schön**sten**, weit → weit**er** → **am** weit**esten***
Einsilbige Adjektive erhalten oft einen Umlaut: *jung → jünger → am jüngsten*
Manche Adjektive haben besondere Formen: *hoch → höher → am höchsten*
Im Vergleich heißt es: ***(genau)so** schön **wie***, aber: *schöner **als***
Berlin ist genauso schön wie Hamburg oder München.
Berlin finde ich schöner als Hamburg. Am schönsten finde ich München.

das Holz (¨-er), das Material (-ien), die Qualität (-en), der Stoff (-e)
ausgeben-gibt aus-hat ausgegeben ■ dumm ↔ klug

E

E9 Bergtour Konjunktionaladverbien *deshalb/deswegen*

GR Verbinden Sie die Sätze mit *deshalb* oder *deswegen*.

1. Rob plant eine Bergtour. Er hat sich Wanderschuhe und einen Rucksack gekauft:

   Deswegen hat er sich Wanderschuhe und einen Rucksack gekauft.

2. Salvira liebt Tiere. Sie geht mit ihren Kindern oft in den Zoo:

   ____

3. Clara sammelt altes Geschirr aus Porzellan. Sie geht oft auf Flohmärkte:

   ____

4. Meine Waschmaschine ist kaputt. Ich kann im Moment keine Wäsche waschen:

   ____

> **Aufgepasst!**
> Die Adverbien *deshalb* und *deswegen* bedeuten *aus diesem Grund*. Sie können am Satzanfang oder nach dem Verb stehen.
> *Es regnet.* ***Deshalb/Deswegen*** *bleiben wir zu Hause. / Wir bleiben* ***deshalb/deswegen*** *zu Hause.*

E10 Mailbox-Nachrichten

WS Wie heißen die Wörter? Ergänzen Sie die fehlenden Vokale.

1. L*e* *i*der muss ich unser Tr*e*ff*e*n f*ü*r h*e* *u*t*e* *a*bs*a*g*e*n. B*i*s n*ä*chst*e* W*o*ch*e*!
2. Bitte r_f_n S_ _ m_ch k_rz z_r_ck. _s _st w_cht_g.
3. _ntsch_ld_g_n S_ _, dass ich m_ch n_cht früh_r g_m_ld_t habe. Ich habe den T_rm_n l_ _d_r v_rp_sst.
4. Danke f_r _hr_ N_chr_cht. Ich komme morgen z_ _hn_n _ns B_r_.
5. Wir müssen den _rl_ _b l_ _d_r v_rsch_ _b_n. Ich h_ff_, dass du d_sw_g_n n_cht s_ _ _r b_st.
6. Wir haben g_h_rt, d_ss du kr_nk b_st. G_t_ B_ss_r_ng!

das Tier (-e), der Zoo (-s) ■ (sich) melden, verschieben-verschiebt-hat verschoben

E11 Arbeitslos Adjektivnegation

GR + WS **Ergänzen Sie das passende Adjektiv in der richtigen Form.**

~~arbeitslos~~ • fahrerlos • fensterlos • kostenlos
unbekannt • unhöflich • unwichtig

1. Eine *arbeitslose* Person hat keine Arbeit.
2. Eine ________________ U-Bahn fährt selbstständig.
3. Ihm ist Kleidung total ________________.
4. ________________ Wörter verstehe ich nicht.
5. Eine ________________ Person sagt nie bitte oder danke.
6. Ein ________________ Getränk muss man nicht bezahlen.
7. Das Bad in der Wohnung ist dunkel und ________________.

Aufgepasst!
Manche Adjektive kann man mit *un-* negativ machen: *wichtig* → ***un**wichtig*
Adjektive auf *-los* haben die Bedeutung *ohne*: *fenster**los*** = ohne Fenster

E12 Auf der Post

WS **Schreiben Sie die Wörter richtig.**

1. Ich hätte gern (kenmarBrief) *Briefmarken* für (tenkartsoP) ________________.
2. Was kostet ein (chenäckP) ________________ oder ein (tekaP) ________
   nach Brasilien?
3. Kann ich die (ungendS) ________________ online (enfolgver) ________________?
   Wie lange dauert die (ungstellZu) ________________?
4. Ich möchte diesen Brief als (enschreibniE) ________________ versenden.
   Oder gibt es noch eine andere (keitlichgöM) ________________?
5. Ich habe diese (ungtigrichnachBe) ________________ bekommen und möchte
   meine Sendung (enholba) ________________. Hier ist mein (weissuA) ________________.

das Einschreiben (-), die Möglichkeit (-en), das Päckchen (-), das Paket (-e),
die Postkarte (-n), die Sendung (-en) ■ versenden

E13 Tätigkeiten im Büro Passiv Präsens

GR Ergänzen Sie das passende Verb im Passiv Präsens.

anrufen • aufräumen • bestellen • bringen • essen • informieren • kaufen • kochen • kopieren • putzen • reparieren • ~~schreiben~~ • verschieben • vorbereiten

1. Viele E-Mails *werden geschrieben*.
2. Briefe ________ zur Post b________.
3. Wichtige Dokumente ________ o________.
4. Termine ________ sch________.
5. Kunden ________ r________.
6. Versammlungen ________ b________.
7. Der Chef ________ über wichtige Dinge f________.
8. Der Drucker ________ p________.
9. Neue Computer ________ k________.
10. Büromaterial ________ st________.
11. Kaffee ________ k________ und Snacks ________ g________.
12. Das Büro ________ r________ und p________.

Aufgepasst!

Das Passiv bildet man mit *werden* + Partizip Perfekt. Der Fokus liegt auf dem Vorgang bzw. der Handlung. Wer etwas macht, ist unwichtig.

Im Hauptsatz steht *werden* auf Position 2 und das Partizip am Ende.

*Ein Haus **wird gebaut**. / Hier **werden** neue Häuser **gebaut**.*

Im Nebensatz steht *werden* am Ende, das Partizip steht davor.

*Weißt du schon, dass hier neue Häuser **gebaut werden**?*

E14 Was wird in der Schule gemacht? Passiv Präsens

GR **Ergänzen Sie die Verben im Passiv Präsens.**

1. In der Schule *werden* verschiedene Fächer *unterrichtet*. (unterrichten)
2. Hausaufgaben ______ ______. (verbessern)
3. Referate ______ ______. (halten)
4. Im Deutschunterricht ______ klassische Literatur ______. (lesen)
5. Im Fremdsprachenunterricht ______ Englisch ______. (lernen)
6. In Geographie ______ verschiedene Länder ______. (vorstellen)
7. In den Prüfungen ______ das Wissen ______. (testen)
8. Der Elternbeirat ______ ______. (wählen)
9. Alle Sorgen und Probleme ______ ______. (besprechen)
10. Manchmal ______ der Lehrer ______. (ärgern)

E15 Einladung Nomen auf *-ung*

GR+WS **Ergänzen Sie den Artikel und das passende Verb.**

1. *die* Einladung: *einladen*
2. ______ Vorbereitung: ______
3. ______ Bestellung: ______
4. ______ Reservierung: ______
5. ______ Anmeldung: ______
6. ______ Bewerbung: sich ______
7. ______ Kündigung: ______
8. ______ Unterhaltung: ______
9. ______ Verletzung: ______
10. ______ Impfung: ______

Aufgepasst!
Von manchen Verben kann man Nomen auf *-ung* bilden. Sie sind immer Femininum.
*buch~~en~~ → die Buch**ung**, ordn~~en~~ → die Ordn**ung**, samm~~eln~~ → die Samml**ung***

der Elternbeirat (¨-e), die Impfung (-en), das Referat (-e), die Sorge (-n), das Wissen
halten-hält-hat gehalten, testen

E

Teste dich!

T1 Lieblingsstücke

Ergänzen Sie die richtigen Endungen.

Jana: (1) Mein absolut*es* Lieblingskleid habe ich vor drei Jahren auf (2) ein____ klein____ Flohmarkt entdeckt. Es ist rot und aus sehr (3) weich____ Stoff. Eigentlich mag ich (4) kein__ rot____ Kleider. Aber dieses trage ich sehr gern, vor allem an (5) besonder____ Tagen wie Geburtstagen oder Weihnachten.

Mike: Diese (6) alt__ Uhr liebe ich. Es ist sicher (7) kein__ wertvoll__ Uhr, aber sie erinnert mich an (8) mein____ geliebt____ Opa. Er hat sie mir vor (9) viel____ Jahren geschenkt. (10) Ein__ wirklich schön____ Geschenk, finde ich.

Greta: (11) Mein__ grau____ Stoffelefant ist mir irgendwie wichtig. Er ist von (12) unser____ früher____ Nachbarin und so alt wie ich. Ich werde oft gefragt, was ich mit (13) d____ schmutzig____ Elefanten will. Aber (14) d____ schmutzig__ Elefant war immer da und hat (15) mein__ ganz____ Leben miterlebt.

Nils: (16) D____ braun__ Ledergürtel ist mein Lieblingsstück. Meine Freunde sagen, dass es (17) ein__ hässlich____ Gürtel ist. (18) D____ hässlich____ Gürtel trage ich fast jeden Tag. Er passt super zu (19) mein____ alt____ Jeans. Ich finde ihn schöner als (20) jed____ neu____ Gürtel.

☺ ○ 😐 ○ ☹ ○

T2 Fragen im Alltag

Formulieren Sie Fragen im Perfekt und ergänzen Sie die Antworten im Passiv.

1. die Fenster putzen – morgen: *Hast du schon die Fenster geputzt?* – Ich verspreche dir, dass *die Fenster morgen geputzt werden.*
2. die Kinder abholen – heute von Oma: ____________________ ____________________ – Nein, ____________________
3. die Arztrechung bezahlen – sofort: ____________________ ____________________ –

Wir haben noch keine Rechnung bekommen. Wenn sie kommt, ______________

____

4. das Auto verkaufen – nicht: ______________________________ – Nein,

____

5. das Fahrrad reparieren – zuerst: ______________________________

______________ – Wenn es nicht mehr regnet, ______________________

____

6. die neue Grammatik üben – morgen im Unterricht: ____________________

______________________________ – Keine Sorge! Ich denke, dass

____

☺ ○ 😐 ○ ☹ ○

T3 Meine Bestellung

Ergänzen Sie das passende Wort in der richtigen Form.

abholen • Benachrichtigung • bringen • deswegen • E-Mail • falsch • gebrauchter Laptop • gute Erfahrungen • liefern • Lieferung • Päckchen • schließlich • sofort • später • Straße • verpacken • wenn • ~~wissen~~

(1) *Wisst* ihr, was mir vor Kurzem passiert ist? Ich habe bei Ebay einen (2) ______________________ bestellt. (3) ________ man bei Ebay bestellt, kann man nicht viel (4) __________ machen. Bis jetzt habe ich auch nur (5) ______________________ gemacht. Ich habe (6) __________ bezahlt und dann auf die (7) ______________ gewartet und gewartet. (8) ________________ habe ich dem Verkäufer eine (9) __________ geschickt. Er hat mir geantwortet, dass er den Laptop gut (10) ______________ und persönlich zur Post (11) ______________ ________. (12) ______________ war ich sicher, dass der Laptop noch (13) ______________________. Eine Woche (14) __________ – der Laptop war immer noch nicht da – habe ich meine Nachbarn auf der (15) __________ getroffen. Die haben gefragt: „Haben Sie keine (16) ____________________________ bekommen? Bei uns steht noch immer ein (17) ______________ von Ihnen! Wann wollen Sie das denn (18) ______________?"

☺ ○ 😐 ○ ☹ ○

F

F Wege und Reisen

F1 Unterkünfte Adjektivdeklination ohne Artikel

GR Was gehört zusammen? Verbinden Sie.

1. Frühstückspension in
2. Hotel am See – Schöner
3. Private Zimmer bei
4. Ferienwohnung – Zwei
5. Bauernhof mit
6. Jugendherberge – Günstige
7. Campingplatz – Direkte
8. Schloss – Übernachten

a) Übernachtungen für junge Leute
b) Nähe zu Meer und Strand
c) in historischen Räumen
d) Zimmer, großes Bad und Wohnküche
e) netter Familie
f) Blick auf den See
g) ruhigem Stadtviertel
h) eigenem Hofladen

1	2	3	4	5	6	7	8
g							

Ergänzen Sie die fehlenden Adjektivendungen im Nominativ, Akkusativ und Dativ.

Nominativ **r-e-s-e**	de**r**	di**e**	da**s**	di**e**
	schön____ Blick	direkt____ Nähe	groß____ Bad	günstig____ Übernachtungen
Akkusativ **n-e-s-e**	de**n**	di**e**	da**s**	di**e**
	schönen Blick	direkte Nähe	großes Bad	jung____ Leute
Dativ **m-r-m-n**	de**m**	de**r**	de**m**	de**n**
	eigen____ Laden	nett____ Familie	ruhig*em* Viertel	historisch____ Räumen

der Bauernhof (¨-e), der Blick/Ausblick (-e), das Camping, die Jugendherberge (-n), das Schloss (¨-er), die Unterkunft (¨-e), die Übernachtung (-en), das Viertel (-)
übernachten ■ historisch

F2 Tipps für Autofahrer Adjektivdeklination ohne Artikel

GR Ergänzen Sie die richtigen Adjektivendungen.

1. Machen Sie auf lang*en* Autofahrten öfter mal Pause.
2. Seien Sie an groß____ Kreuzungen vorsichtig.
3. Fahren Sie bei dicht____ Nebel besonders langsam.
4. Stark____ Wind kann vor allem auf Brücken gefährlich werden.
5. Vermeiden Sie zu hoh__ Temperaturen im Auto.
6. Tanken Sie bei groß____ Hitze Ihren Wagen nicht ganz voll.
7. Achtung bei Eis und Schnee! Da kommt es schnell zu gefährlich_____ Situationen.
8. Sie können das Auto aber auch in der Garage lassen und öffentlich___ Verkehrsmittel benutzen!

F3 Auf der Straße

WS Was passt nicht? Streichen Sie.

1. Straße – Fahrspur – Zebrastreifen – Ampel – ~~Radfahrer~~
2. abbiegen – anschauen – wegfahren – überholen – bremsen
3. Stau – Unfall – Strafzettel – Chaos – Gefahr
4. begeistert – gefährlich – furchtbar – anstrengend – schrecklich
5. Fußgänger – Autofahrer – Polizist – Ausfahrt – Busfahrer

die Ausfahrt (-en), das Chaos, das Eis, der Fußgänger (-), die Gefahr (-en), die Hitze, die Kreuzung (-en), der Nebel, das Rad (¨er), der Radfahrer (-), die Situation (-en), die Spur (-en), der Stau (-s), der Strafzettel (-), der Verkehr, das Verkehrsmittel (-), der Wagen (-), das Zebra (-s)
abbiegen-biegt ab-ist abgebogen, anschauen, benutzen, bremsen, tanken, überholen, vermeiden-vermeidet-hat vermieden
anstrengend, begeistert, dicht, furchtbar, gefährlich, öffentlich, schrecklich, vorsichtig

F

F4 Kalt und neblig Adjektive auf *-ig* und *-(er)isch*

GR+WS **Ergänzen Sie das passende Adjektiv und unterstreichen Sie das zugehörige Nomen.**

eisig • gewittrig • ~~neblig~~ • regnerisch • sonnig • stürmisch • windig • wolkig

1. Der Nebel soll bis Mittag weg sein. Aber vielleicht bleibt es auch den ganzen Tag so *neblig*.
2. Leider ist es heute sehr ___________. Der Himmel ist grau und überall sind Wolken.
3. Im Herbst ist es oft recht ___________. Dann tanzen bunte Blätter im Wind.
4. Draußen tobt ein Sturm. So ___________ war es schon lange nicht mehr.
5. Minus zehn Grad! Es ist ___________. Der Winter kommt mit Kälte und Eis.
6. Immer nur Regen! Der Frühling ist so kalt und ___________ wie nie.
7. Später soll es ein Gewitter geben. Aber im Moment sieht es nicht ___________ aus.
8. Endlich scheint die Sonne. Hoffentlich wird der Sommer ___________ und warm.

Aufgepasst!
Von manchen Nomen kann man Adjektive auf *-ig* oder *-(er)isch* bilden.
*Nebel → neb**lig**, Eis → eis**ig**, Sturm → stürm**isch**, Regen → regn**erisch***

F5 Hunger und Durst Adjektive auf *-ig* und *-isch*

GR+WS **Bilden Sie aus dem Nomen in Klammern das passende Adjektiv und ergänzen Sie es in der richtigen Form.**

1. Nach der Wanderung waren wir ziemlich (Hunger) *hungrig*.
2. Bei der Hitze wird man schnell (Durst) ___________.
3. Sie ist immer (Mode) ___________ gekleidet.
4. Hier ist es aber (Schmutz) ___________! Du solltest mal putzen.
5. Das ist mal wieder (Typ) ___________ für ihn!
6. Ich arbeite in einem (Medizin) ___________ Beruf.
7. Leider ist meine Arbeit total (Stress) ___________.
8. (Tourist) ___________ Sehenswürdigkeiten interessieren uns nicht so.

F6 Wetterbericht

WS Was passt zusammen? Bilden Sie aus einem Nomen zwei Komposita und ergänzen Sie die Artikel.

-hitze/Hitze- • -nebel/Nebel- • -regen/Regen- • -schutz/Schutz- • -sturm/Sturm- • -wind/Wind- • ~~-wetter/Wetter-~~ • -wolke/Wolken-

1. *das* Grippe*wetter* – *der* *Wetter*bericht
2. _____ Gewitter_________ – _____ _________himmel
3. _____ Morgen_________ – _____ _________lampe
4. _____ Mittags_________ – _____ _________welle
5. _____ Schnee_________ – _____ _________schirm
6. _____ Herbst_________ – _____ _________warnung
7. _____ Ost_________ – _____ _________surfen
8. _____ Sonnen_________ – _____ _________impfung

F7 Verkehrsnachrichten

WS Schreiben Sie die Wörter richtig.

1. A8: Nach Unfall mit LKW nur eine Spur (barfahrbe) *befahrbar*
2. (oschakehrsVer) _______________ in Sachsen: Eis und Schnee (gensor) _________ für Unfälle und Staus.
3. Parkplätze im Zentrum wegen (lestelBau) _____________ nicht (barnutzbe) ____________
4. A3 (ungtRich) ____________ Basel: Tiere auf der (bahnrFah) ____________
5. Falschfahrer! Bitte fahren Sie rechts und (lenhoüber) _____________ Sie nicht.

Aufgepasst!
Von manchen Verben kann man Adjektive auf *-bar* bilden.
benutz~~en~~ → *benutz**bar*** (= kann man benutzen), *ess~~en~~* → *ess**bar*** (= kann man essen)

die Baustelle (-n), die Fahrbahn (-en), das Gewitter (-), die Richtung (-en), die Sehenswürdigkeit (-en), der Sturm (¨-e) ■ neblig

F8 Verkehrsmittel

GR + WS **Schreiben Sie die Sätze richtig. Achten Sie auf die Satzzeichen.**

Melanie: IchliebemeinAutoAberichfindeesfurchtbarwennmanimStaustehtundvon RadfahrernüberholtwirdAmschlimmstenistderBerufsverkehrDagehtoftgarnichts mehrundselbstFußgängersindschnelleralsjedesAuto *Ich liebe mein Auto.* ______

______

______

______

Duc: InVietnamfahrenallemitdemMopedDieStraßensindvollmitMopedsundallehupen MirgefälltdasaberesistauchgefährlichInDeutschlandistdasandersDaistesaufden StraßensichererundesgibtvielwenigerUnfällealsbeiuns ______

______

______

______

Tanja: IchfahreamliebstenmitöffentlichenVerkehrsmittelnDannmussichnachkeinem ParkplatzsuchenundbekommeauchkeineStrafzettelwennichfalschparkeDas bedeutetwenigerStressfürmich ______

______

______

______

Igor: MiristaufgefallendassdieLeuteauchinderFreizeitimmerwegfahrenwollenWarum nichtmalzuHausebleibenodereinfachnurspazierengehenDannbrauchtmangarkein Verkehrsmittel ______

______

______

der Fußgänger (-), das Moped (-s), das Verkehrsmittel (-)
auffallen-fällt auf-ist aufgefallen, hupen ■ furchtbar, öffentlich
Ich finde es furchtbar, dass/wenn (...)

F9 Ich komme vom Sport. Lokale Präpositionen *aus* und *von*

GR Kreuzen Sie die richtige Präposition an. Einmal sind beide Präpositionen möglich.

1. Wenn ich ○ aus dem ⊗ vom Sport komme, dusche ich zuerst.
2. Man hört viel Lärm ○ aus dem ○ vom Fußballstadion. Aber im Stadion ist es noch viel lauter.
3. Wann kommen die Kinder ○ aus ○ von der Schule?
4. Ich steige gleich in die U-Bahn ein und rufe dich an, wenn ich ○ aus ○ von der U-Bahn aussteige.
5. Sie ist gerade ○ aus dem ○ vom Bäcker gekommen.
6. Hoffentlich ist er bald wieder gesund und kommt ○ aus dem Krankenhaus ○ vom Krankenhaus.

Die lokale Präposition *aus* + Dativ *(woher?)* bezieht sich auf einen konkreten Ort und steht im Gegensatz zu *in* + Dativ *(wo?)/in* + Akkusativ *(wohin?)*.
*Ich steige **in den** Bus ein. Ich sitze **im** Bus. Ich steige gleich **aus dem** Bus aus.*
Die lokale Präposition *von* + Dativ *(woher?)* kann sich auch auf Personen und Tätigkeiten beziehen und steht im Gegensatz zu *bei* + Dativ *(wo?)* und *zu* + Dativ *(wohin?)*.
*Ich gehe **zum** Arzt. Ich bin **beim** Arzt. Ich komme **vom** Arzt.*
*Ich gehe **zum** Schwimmen. Ich bin **beim** Schwimmen. Ich komme **vom** Schwimmen.*
Manchmal geht *aus* oder *von*:
***aus der** Schule* (= aus dem Schulhaus) / ***von der** Schule* (= Schule als abstrakter Ort)

F10 Ich bin beim Friseur. Lokale Präpositionen

WS Was passt nicht? Streichen Sie.

1. Ich bin	zu Hause – im Garten – beim Friseur – ~~zur Arbeit~~.
2. Wir fahren	nach Hause – beim Zahnarzt – zur Schule – ins Büro.
3. Er kommt	von zu Hause – in der Schule – aus dem Büro – vom Einkaufen.
4. Sie gehen	zum Fußball – ins Fitnessstudio – von der Arbeit – zur Post.
5. Sie bleibt	aus dem Supermarkt – im Hotel – bei ihrer Tante – in der Stadt.
6. Wir sind	beim Joggen – im Restaurant – beim Elternabend – vom Sport.

F

F11 In der Stadt Lokale Präpositionen *in, an, auf*

GR + WS **Formulieren Sie Fragen mit *wo* oder *wohin* und antworten Sie mit den Präpositionen *in, an* oder *auf*. Achten Sie auf den richtigen Kasus.**

Wo Wohin	sein (gerade) Urlaub machen (dieses Jahr) gehen (gerade) fahren (in den Ferien)	du ihr Sie	in an auf	die Stadt, das Land, der Englische Garten, der Bayerische Wald, die Alpen, das Gebirge, das Mittelmeer, die Ostseeküste, der Bodensee, die Insel Reichenau

Wo	*bist du gerade?*	*In der Stadt.*
Wohin	*gehst du gerade?*	*In die Stadt.*
______	______________________	______________________
______	______________________	______________________
______	______________________	______________________
______	______________________	______________________
______	______________________	______________________
______	______________________	______________________
______	______________________	______________________
______	______________________	______________________
______	______________________	______________________
______	______________________	______________________
______	______________________	______________________
______	______________________	______________________
______	______________________	______________________
______	______________________	______________________
______	______________________	______________________
______	______________________	______________________
______	______________________	______________________

> **Aufgepasst!**
> Die lokalen Präpositionen *in*, *an* und *auf* sind Wechselpräpositionen. Sie stehen mit Dativ *(wo?)* oder Akkusativ *(wohin?)*.
> *Wir machen* ***am*** *Meer /* ***am*** *See /* ***auf einer*** *Insel /* ***im*** *Gebirge /* ***in den*** *Bergen Urlaub.*
> *Wir fahren* ***ans*** *Meer /* ***an den*** *See /* ***auf eine*** *Insel /* ***ins*** *Gebirge /* ***in die*** *Berge.*

F12 Ausflug an den Chiemsee

GR + WS Ergänzen Sie.

am • ~~an den~~ • auf die • besichtigen • dafür • dagegen • Idee • ins • machen • meint • lasst • Vorschlag • wäre • zum • zur (2x)

- ● Wir könnten mal wieder einen Ausflug (1) an den Chiemsee machen.
- ■ Gute (2) ________! Ich wollte schon immer mal Schloss Herrenchiemsee (3) ____________________.
- ▲ Ich (4) ________ auch dabei! Aber ich würde lieber segeln. (5) _____ Chiemsee kann man wunderbar segeln.
- ● Ja, gut! (6) __________ uns doch (7) ______ Fraueninsel segeln. (8) ______ ______ Herreninsel kommt man leider nur mit dem Schiff.
- ■ Darf ich einen (9) ______________ machen? Wenn das Wetter nicht so gut ist oder wenn es keinen Wind (10) ______ Segeln gibt, gehen wir (11) ______ Schloss. Wenn Wind da ist, segeln wir (12) ______ Fraueninsel. Was (13) _________ ihr?
- ▲ Super, so (14) ____________ wir es. Oder bist du (15) ____________?
- ● Nein! Ich bin auch (16) _________.

das Gebirge, die Insel (-n), die Küste (-n), das Schiff (-e)
besichtigen ■ dafür sein ↔ dagegen sein

F13 Welcher Weg? Lokale Präpositionen *durch, über, um (...herum), entlang, an...vorbei, bis zu, gegenüber*

GR Ergänzen Sie die passende Präposition.

am • an (2x) • bis ins • bis zum • bis zur (2x) • ~~durch~~ • durch • entlang • gegenüber • über • um...herum

1. Geh abends nicht *durch* den Park, sondern lieber die Straße ________.
2. _____ der Ampel gehen Sie _______ die Straße und dann ist es nicht mehr weit _____ _______ U-Bahn.
3. ________________ dem Supermarkt ist die S-Bahn. Mit der S-Bahn kommt ihr _____ _______ Stadtzentrum.
4. Wenn Sie zur vhs wollen, müssen Sie ______ Marktplatz und ______ der Kirche vorbei _____ _______ Post gehen. Auf der rechten Straßenseite finden Sie die vhs.
5. Ich empfehle Ihnen den Wanderweg _________ den Wald _______ ______ See. Es führt auch ein schöner Weg ______ den ganzen See _________.

Aufgepasst!
Mit den lokalen Präpositionen *durch* (Akk.), *über* (Akk.), *um(...herum)* (Akk.), *entlang* (Akk.) sowie *an...vorbei* (Dat.), *bis zu* (Dat.), *gegenüber* (Dat.) kann man Wegbeschreibungen machen.
*Fahren Sie **durch das** Tor / **über die** Brücke / **um das** Museum **herum** / **die** Straße **entlang** / **am** Stadion **vorbei** / **bis zur** Schule.*
***Gegenüber dem** Bahnhof / **Dem** Bahnhof **gegenüber** ist die Post.*

F14 Infos Lokale Präpositionen

GR Was passt? Kreuzen Sie an.

1. Der Eingang ist ☒ gegenüber dem Parkplatz ○ den Parkplatz entlang.
2. Vorsicht ○ an der ○ bis zur Kreuzung! Da sind keine Ampeln.
3. Sie können ○ in die Insel fahren ○ um die Insel herumfahren.
4. Der Bus fährt direkt ○ aus dem Hotel ○ zum Hotel.
5. Passt auf, wenn ihr ○ durch die ○ über die Straße geht.

F15 Reisen Modale Präposition *ohne*

GR Ergänzen Sie das passende Wort in der richtigen Form und unterstreichen Sie *ohne*.

Aufenthalt • ~~Doppelzimmer~~ • ~~eigen~~ • Flughafen • Halbpension • ihr • lang • online • Problem • Spezialist • Stadtführung • Stress • Traumreise • Umsteigen • Zugverbindung • zusätzlich

1. Wir wollten ein *Doppelzimmer* buchen, aber wir mussten zwei Einzelzimmer ohne *eigenes* Bad nehmen.
2. Sie können Ihren ________ mit oder ohne Frühstück oder ________ buchen – ganz nach Ihren persönlichen Wünschen.
3. Bei dieser Busreise sind alle ________ inklusive, d. h. ohne ________ Kosten.
4. Buchen Sie ohne ________ in unserem Reisebüro. Wir haben ________ für jede Reise.
5. Maren fährt nicht ohne ________ Hund in Urlaub und bucht oft ________ im Hundereisebüro.
6. Mit der neuen direkten ________ kommt man ohne ________ von Berlin nach Wien.
7. Reservieren Sie Ihr Mietauto rechtzeitig, dann können sie es ohne ________ Wartezeit am ________ abholen.
8. Sören und Eva haben ihre ________ auf die Malediven ohne ________ im Internet gebucht.

Aufgepasst!
Die modale Präposition *ohne* steht mit Akkusativ. Oft folgt ein Nomen ohne Artikel.
*Kaffee **ohne** Zucker, Reisen **ohne** (großen) Stress, **ohne** (deine) Hilfe*

der Aufenthalt (-e), das Doppelzimmer (-), das Einzelzimmer (-), der Flughafen (¨-en), die Führung (-en), die Halbpension, das Reisebüro (-s), der Spezialist (-en), der Traum (¨-e), die Verbindung (-en) ■ buchen ■ inklusive

F

Teste dich!

T1 Fahrradtour

Ergänzen Sie das passende Wort in der richtigen Form.

an…entlang • an…vorbei • aus • Ausblick • bei • bis zum • deswegen • Dom • durch • herzlich • ~~in~~ • neu • ohne • regnerisch • trotzdem • unterwegs • übernachten • wie

Liebe Elena,

ich habe mich sehr gefreut, dass du mich endlich mal (1) *in* Köln besucht hast. Ich war ja schon dreimal (2) _____ dir in Madrid. (3) _____________ hoffe ich, dass du im Sommer wiederkommst. Dann ist das Wetter bestimmt auch nicht so (4) _______________ und kalt (5) _____ letzte Woche. Schade, dass wir nicht (6) _______ Regenschirm (7) _____ dem Haus gehen konnten! (8) ____________ haben wir viel gesehen und nicht nur den berühmten Kölner (9) _____. Für den Sommer habe ich schon (10) _______ Pläne. Toll wäre eine Fahrradtour (11) _____ Rhein ___________. Wir könnten zwei oder mehr Tage (12) _____________ sein und in Jugendherbergen (13) _________________. Wir fahren (14) _______ die alte Bundeshauptstadt Bonn (15) ______ _____ Drachenfels. Von dort oben hat man einen wunderbaren (16) _____________ auf das Rheintal. Die Strecke geht (17) _____ netten Weinorten __________ bis Koblenz oder auch Mainz. Da könnten wir dann in den Zug nach Köln steigen. Was meinst du?

Für heute (18) ______________ Grüße aus Köln! Deine Jana

☺ ○ 😐 ○ ☹ ○

T2 Im Reisebüro

Formulieren Sie Fragen.

1. geben – es – noch – frei – Plätze – für – Busreise – nach – Salzburg:

   Gibt es noch freie Plätze für die Busreise nach Salzburg?

2. sein – Kosten – für – Eintritte und Führungen – inklusive: ____________________

   ____

3. sein – Hotel – buchbar – Halbpension – ohne – auch: ______

______

4. können – empfehlen – Sie – uns – für – unseren Aufenthalt – Hotel – familienfreundlich: ______

______

5. haben – Sie – andere Pauschalangebote – noch – für – Familien – Programm – im:

______

6. welche Unterkunft – sein – preisgünstig (Superlativ): ______

______

7. können – buchen – ich – Sprachreise – auch – Unterkunft und Kulturprogramm – ohne: ______

______

8. wie viele Direktflüge – geben – es – von Frankfurt – Rio – täglich – nach: ______

______

☺ ○ 😐 ○ ☹ ○

T3 Biete-Suche

Ergänzen Sie das passende Adjektiv mit der richtigen Endung.

1. klein, schön: BIETE *schöne* Wohnung in der Innenstadt gegen *kleines* Haus auf dem Land
2. alt, günstig: SUCHE ______ Kinderfahrrad zu ______ Preis
3. klein, professionell: BIETE ______ Nachhilfeunterricht in ______ Gruppen
4. italienisch, verschieden: SUCHE ______ Muttersprachler für ______ Übersetzungsarbeiten
5. passend, schwarz: BIETE ______ Abendkleid mit ______ Modeschmuck
6. gemeinsam, verrückt: SUCHE ______ Leute für ______ Abenteuerurlaub

☺ ○ 😐 ○ ☹ ○

G Geld und Alltag

G1 Umzug *lassen* im Präsens

GR Ergänzen Sie die richtige Verbform von *lassen* und den passenden Infinitiv.

lasst • lassen (6x) • ~~lasse~~ • lässt (2x) • liefern • machen • beraten • drucken • helfen • putzen • reinigen • ~~renovieren~~ • reparieren • zuschicken

1. Ich will die Wohnung nicht selbst renovieren. Ich *lasse* sie *renovieren*.
2. Warum ________ du dir nicht von deinen Freunden __________?
3. ________ ihr den Umzug wirklich von einer Umzugsfirma ___________?
4. Den neuen Schrank ________ er sich in die Wohnung ___________.
5. Vor dem Umzug __________ wir den Teppich _____________.
6. Ich würde auch gern die Fenster _____________ ____________.
7. Das Türschloss müssen wir unbedingt ________________ _____________.
8. Sollen wir das Namensschild für die Tür ______________ ____________?
9. Den Mietvertrag __________ sie sich per Post _________________.
10. Sie können sich immer von uns _____________ _____________!

Ergänzen Sie die Verbformen von *lassen* im Präsens.

1. ich *lasse*	2. du _______	3. er/sie/es _______
4. wir ___________	5. ihr _______	6. sie/Sie _________

Aufgepasst!
Das Verb *lassen* kann man mit Infinitiv verwenden. Es bedeutet, dass man nicht selbst etwas macht, sondern dass eine andere Person das macht.
*Ich **lasse** die Wohnung **renovieren**.* (= Die Wohnung wird renoviert, aber ich renoviere die Wohnung nicht selbst.)
Lassen + Infinitiv kann man auch mit Modalverben oder *würde* verwenden. Dann steht *lassen* am Ende, der Infinitiv davor.
*Du **musst** die Wohnung **renovieren lassen**.*
*Ich **würde** die Wohnung **renovieren lassen**.*

liefern, renovieren

G2 Fragen zur Kontoeröffnung

WS Was gehört zusammen? Ordnen Sie die passenden Antworten zu.

1. Ich möchte gern ein Girokonto eröffnen. Was brauche ich dafür?
2. Wollen Sie einen Gehaltsnachweis von mir?
3. Welche Kreditkarte empfehlen Sie mir?
4. Mit welcher Karte kann ich kostenlos Bargeld abheben?
5. Wo kann ich Geld abheben?
6. Kann ich die Miete monatlich von meinem Konto abbuchen lassen?
7. Was ist eigentlich die PIN?
8. Was muss ich tun, wenn ich Online-Banking nutzen will?

a) Das ist Ihre Geheimzahl, die „Persönliche Identifikationsnummer".
b) An jedem Bankautomaten und an öffentlichen Geldautomaten.
c) Den können Sie uns gern vorlegen, aber er ist nicht notwendig.
d) Wir benötigen nur den Personalausweis oder Reisepass.
e) Das machen Sie am besten mit Ihrer EC-Karte.
f) Sie müssen nur Ihre Kontonummer und die PIN eingeben, dann können Sie online auf Ihr Konto zugreifen.
g) Nehmen Sie eine kostenlose Kreditkarte, z. B. eine Visacard.
h) Natürlich! Mit einem Dauerauftrag wird die Miete automatisch überwiesen.

1	2	3	4	5	6	7	8
d							

das Bargeld, die EC-Karte (-n), das Gehalt (¨-er), der Gehaltsnachweis (-e),
der Geldautomat (-en), das Konto/Girokonto (-ten), die Kreditkarte (-n)
abheben-hebt ab-hat abgehoben, eröffnen, überweisen-überweist-hat überwiesen

G3 Informationen zum Konto

WS Ergänzen Sie das passende Nomen in der richtigen Form.

Bankkarte • Broschüre • Geldautomat • ~~Girokonto~~ • Kontoauszug • Rechnungsbetrag • Zins

1. Wer in Deutschland lebt und arbeitet, kann kostenlos ein *Girokonto* eröffnen.
2. In dieser ______________ finden Sie nützliche Informationen zu Ihrem Girokonto.
3. Offene ______________________ kann man bequem online überweisen.
4. Ihre elektronischen ______________________ können Sie selbst ausdrucken und kontrollieren.
5. Mit Ihrer ______________ können Sie rund um die Uhr Geld abheben.
6. ______________________ gibt es in Bankfilialen und vielen öffentlichen Einrichtungen wie Supermärkten und Restaurants.
7. Ein Sparkonto bietet Ihnen feste ____________.

G4 Bargeld

WS Was passt zusammen? Bilden Sie aus einem Nomen drei Komposita und ergänzen Sie die Artikel.

-bank/Bank- • -gehalt/Gehalts- • ~~-geld/Geld-~~ • -information/Informations- • -karte/Karten- • -konto/Konto- • -tasche/Taschen-

1. *das* Bar*geld* – *der* *Geld*betrag – *die* *Geld*summe
2. _____ Giro________ – _____ ________nummer – _____ ________auszug
3. _____ Bank________ – _____ ________inhaber – _____ ________zahlung
4. _____ Landes________ – _____ ________konto – _____ ________lehre
5. _____ Kunden________________ – _____ ________________broschüre – _____ ________________material
6. _____ Brutto________ – _____ ________erhöhung – _____ ________kürzung
7. _____ Jacken________ – _____ ________geld – _____ ________messer

der Betrag (¨-e), die Broschüre (-n), die Erhöhung (-en), die Kontrolle (-n), die Lehre (-n), die Summe (-n), das Taschengeld (-er), der Zins (-en) ■ kontrollieren ■ bequem

G5 Wissen Sie, wo das ist? Indirekte Fragen mit Fragepronomen

GR Ergänzen Sie das passende Fragewort und unterstreichen Sie das Verb im indirekten Fragesatz.

an wen • um wie viel • wann • warum • was • welches • wie (2x) • ~~wo~~ • wo

1. Wissen Sie, *wo* hier in der Nähe eine Postbank ist?
2. Ich weiß leider nicht, ____ man in Deutschland ein Konto eröffnet.
3. Ich möchte gern wissen, ____ mein Gehalt überwiesen wird.
4. Ich wüsste gern, ____ ____ ____ Uhr die Banken schließen.
5. Kann mir jemand sagen, ____ hoch die Zinsen bei einem Kredit sind?
6. Ich verstehe nicht, ____ meine EC-Karte nicht funktioniert.
7. Weißt du, ____ man tun muss, wenn man seine EC-Karte verloren hat?
8. Wir wollten fragen, ____ Formular wir ausfüllen müssen.
9. Darf ich Sie kurz fragen, ____ ich Herrn Meier finde.
10. Können Sie mir bitte sagen, ____ ____ ich mich bei Fragen wenden kann?

G6 Wissen Sie, ob das richtig ist? Indirekte Fragen mit *ob*

GR Formulieren Sie einen indirekten Fragesatz mit *ob*.

1. Ist das richtig? – Wissen Sie, *ob das richtig ist?*
2. Hätten Sie kurz Zeit? – Ich wollte fragen, ____________________.
3. Kannst du mir helfen? – Ich wollte fragen, ____________________.
4. Habe ich die Prüfung bestanden? – Könnten Sie kurz nachschauen, ____________________?
5. Kann ich mich noch für den Kurs anmelden? – Ich wollte fragen, ____________________.

Aufgepasst!
Indirekte Fragen sind Nebensätze. Sie werden mit einem Fragepronomen oder mit *ob* eingeleitet. Das Verb steht am Ende. Vor dem Nebensatz steht ein Komma.
Wann haben Sie Zeit? → Ich wollte fragen, ***wann*** *Sie Zeit* ***haben****.*
Haben Sie kurz Zeit für mich? → Ich wollte fragen, ***ob*** *Sie kurz Zeit für mich* ***haben****.*

G

G7 Alltagsprobleme

WS Wie heißen die Wörter? Ergänzen Sie die fehlenden Vokale.

1. K*a*nnst du mal im *I*nt*e*rn*e*t n*a*chsch*a* *u* *e*n, w*o* sich die nächste *A* *u*t*o*w*e*rkst*a*tt befindet?
2. K_nnt_st du k_rz mal am Handy googeln, w_nn die _ffn_ngsz_ _t_n der B_nk sind?
3. K_nnt_n S_ _ mir bitte _rkl_r_n, w_ _ das _nl_n_-B_nk_ng genau f_nkt_ _n_ _rt?
4. D_rf ich Sie fr_g_n, w_r_m der K_rsb_g_nn v_rsch_b_n wird?

G8 Volltanken

WS Was passt nicht? Streichen Sie.

1. Auto: ~~verlieren~~ – fahren – verkaufen – parken – volltanken
2. Geld: abbuchen – abheben – erledigen – einzahlen – überweisen
3. Wohnung: renovieren – mieten – verkaufen – verlassen – eröffnen
4. Beziehungen: sich verlieben – faulenzen – streiten – heiraten – sich trennen

G9 In der Autowerkstatt

GR + WS Schreiben Sie die Sätze richtig. Achten Sie auf die Satzzeichen.

Milan: IchhabeeinaltesAutoeinenGebrauchtwagenMitdembinichregelmäßiginder WerkstattStändiggehtetwaskaputtLangeStreckenwillichgarnichtmehrfahrenDasist mirzugefährlich *Ich habe ein altes Auto, einen Gebrauchtwagen.*

Ida: MitAutoskenneichmichüberhauptnichtausDeswegenlasseichfastallesinderWerkstatt machenReifenwechselÖlwechselundvielesandereInderWerkstattkennensiemich schonOftwaschensiemirnochkostenlosmeinAuto ______

______

______

______

Adele: LetzteWochehatmichdiePolizeigestopptweildasrechteBremslichtnichtfunktioniert hatIchwolltevordemWintersowiesoLichtundBremsenüberprüfenlassenAlsowardas nichtsoschlimm ______

______

______

______

Luis: OhneWerkstattgehtbeimodernenAutosüberhauptnichtsmehrDieElektronikistzu kompliziertWennetwasnichtfunktioniertkannmannurhoffendassderFehlererkannt unddieReparaturnichtsoteuerwird ______

______

______

______

der Beginn, die Bremse (-n), das Öl, die Polizei
erkennen-erkennt-hat erkannt, faulenzen, kaputtgehen-geht kaputt-ist kaputtgegangen, überprüfen, verschieben-verschiebt-hat verschoben

G10 Streit

WS Ergänzen Sie das passende Wort in der richtigen Form.

~~Berg~~ • Bier • diskutieren • Entscheidung • erklären • faul • Fernseher • Hobby • lachen • nichts • Ruhe • schön • ständig • Strand • trennen • tun • ~~wandern~~ • Weg • Zukunft

1. Warum müssen wir im Urlaub immer in die _Berge_ fahren und _wandern_?

   Ich möchte auch mal ______ am __________ liegen und __________ tun.
2. Dein _________ soll Sport sein? Dass ich nicht ________! Fußball vor dem

   _______________! Im Sessel mit ______ und Chips. ____________ Sport!
3. Warum gehst du mir aus dem _____? Habe ich etwas Falsches gesagt

   oder ________? Willst du mir das nicht _____________?
4. Bitte lass mich in _______! Wir müssen nicht __________ über alles ____________.
5. Meine ____________________ steht fest: Wir ____________ uns.

   In ___________ kannst du mit anderen streiten.

G11 Du und ich Konjunktionen *dass, weil* und *wenn*

GR Kreuzen Sie die richtige Konjunktion an.

1. Ich weiß, ☒ dass ○ weil ○ wenn du gern mehr Zeit für dich hättest. Aber wir sollten auch Zeit mit den Kindern verbringen.
2. ○ Dass ○ Weil ○ Wenn du willst, können wir zusammen einen Tanzkurs machen. Du tanzt doch so gern und ich würde es endlich lernen.
3. Du bist deswegen nervös und unzufrieden, ○ dass ○ weil ○ wenn du viel zu viel arbeitest. Lass uns am Wochenende mal wegfahren.
4. Es ist traurig, ○ dass ○ weil ○ wenn wir schon lange nicht mehr zusammen lachen. Das müssen wir ändern. Früher hatten wir viel mehr Spaß miteinander.
5. Bitte sag mir, ○ dass ○ weil ○ wenn du später kommst. Dann weiß ich Bescheid und muss nicht warten.
6. Ich möchte gern deine Meinung hören, ○ dass ○ weil ○ wenn ich nicht sicher bin, was du wirklich willst.
7. Ich bin der Meinung, ○ dass ○ weil ○ wenn gute Ratschläge von anderen nicht unbedingt weiterhelfen.

G12 Träume und anderes Perfekt, Präteritum, Konjunktiv II

GR Ergänzen Sie das Verb in der richtigen Form.

- ● Weißt du, was mein Traum (1) *wäre*? Eine Reise nach Wien! Und am liebsten (2) *würde* ich mit dir *fahren*. (sein, fahren *Konj.*)
- ■ Ich (3) ______ schon dreimal in Wien, aber wir (4) ____________ trotzdem zusammen dorthin fahren. Wann (5) ____________ du denn Zeit und Lust? (sein *Prät.*, können, haben *Konj.*)

- ○ Als Kind (6) __________ ich nur bei meiner Oma zu Mittag essen, weil sie immer mein Lieblingsessen (7) ____________ _______. Dann (8) _____ sie __________ ______ und seitdem denke ich bei gutem Essen an meine Oma. (wollen *Prät.*, kochen, sterben *Perf.*)
- ◇ Ich (9) _______ auch immer gern bei meiner Oma ______________. (essen *Perf.*)

- ● In meiner Kindheit (10) _______ es noch keine Handys ______________. Das (11) _________ Zeiten! Da (12) __________ man nicht schnell mal jemanden anrufen oder treffen. Man (13) __________ alles genau planen. (geben *Perf.*, sein, können, müssen *Prät.*)
- ■ Ja, heute (14) _____ das undenkbar. So (15) _________ sich die Zeiten __________. (sein *Konj.*, ändern *Perf.*)

- ○ (16) __________ ihr eigentlich früher ein Haustier? Ich (17) _______ mir immer einen Hund ________________. Deshalb (18) _____ ich regelmäßig ins Tierheim ______________ und (19) _______ mich dort um die Tiere ________________. (haben *Prät.*, wünschen, gehen, kümmern *Perf.*)
- ◇ Wir (20) __________ als Kinder auch keine Tiere haben. Meine Mutter (21) ________ leider nicht. (dürfen, wollen *Prät.*)

die Entscheidung (-en), das Haustier (-e), die Kindheit (-en), die Meinung (-en), der Ratschlag (¨-e), die Zukunft
ändern, sterben-stirbt-ist gestorben ■ seitdem ■ Ich bin der Meinung, dass (...)

G

G13 Märchen und mehr Diminutiv *-chen*

GR Ergänzen Sie die Nomen in der Verkleinerungsform und ordnen Sie die Titel zu.

1. (Vogel) Die drei *Vögelchen*
2. (Tisch) ______________ deck dich
3. (Schatz) Zur Sache, ______________
4. (Pferd) Hopp, hopp, hopp, ______________ lauf Galopp
5. (Hans) ______________ klein ging allein in die weite Welt hinein
6. (Schaf) Wer hat die schönsten ______________
7. (Hase) ______________ hüpf
8. (Ente) Alle meine ______________ schwimmen auf dem See
9. (Zaubermann) Das ______________
10. (Bruder) ______________ und Schwesterchen

a) Kinderlied (2x)
b) Kinder- und Spiellied (2x)
c) Schlaflied
d) Märchen (3x)
e) Märchenfilm DDR 1960
f) Filmkomödie 1968

1	2	3	4	5	6	7	8	9	10
d									

Aufgepasst!
Verschiedene Nomen kann man mit dem Diminutiv *-chen* „kleiner" machen.
Dabei bekommen *a/o/u/au* immer einen Umlaut.
Schiff → *Schiff**chen*** (=kleines Schiff), *Haus* → *H**ä**us**chen*** (=kleines Haus)
Auch Kosenamen haben oft eine Verkleinerungsform:
Bär → *B**ä**r**chen***, *Maus* → *M**ä**us**chen***, *Schatz* → *Sch**ä**tz**chen***

der Bär (-en), die Ente (-n), das Märchen (-), die Maus (¨e), das Pferd (-e), der Vogel (¨)

G14 Wichtig Suffixe und Präfixe

GR Was fehlt? Ergänzen Sie die Nomen und Adjektive.

-bar • -chen (2x) • -er (4x) • ~~-ig~~ • -ig (2x) • -in (3x) • -lich (3x) • ~~-los~~ • -los (2x) • -ung (6x) • un- (2x)

1. Warum bist du pausen*los* am Handy? Ist das Handy wirklich so wicht*ig* für dich?
2. Er heißt Bär_______ und seine Partner___ nennt er Herz_______.
3. Wir finden es schreck_______, dass unser Lehr___ immer ___pünkt_____ ist.
4. Meine Nachbar___ ist dank_____, wenn ich Einkäufe und Erledig_____en für sie mache.
5. Gibt es für die Ausstell_____ im Rathaus eine Studentenermäßig_____?
6. Für Kinder unter zehn Jahren ist die Veranstalt_____ kosten_____.
7. Der Autofahr___ ist bei Rot über die Ampel gefahren. Das war richt___ gefähr_______.
8. Im Lotto gibt es wen___e Gewinn___ und viele Verlier___.
9. Wir waren mit der Kellner___ im Restaurant sehr ___zufrieden.
10. Mit einer Überweis_____ können Sie Ihre Rechn_____en bargeld___ bezahlen.

die Ausstellung (-en), der Streit ■ erledigen ■ dankbar, faul, ständig

Teste dich!

T1 Lassen Sie sich beraten!

Formulieren Sie Sätze mit *lassen*.

1. lassen – Sie – müssen – sich – beraten – unbedingt: *Sie müssen sich unbedingt beraten lassen.*
2. lassen – Opa – tragen – der Koffer – sein Enkel: ______________________________
3. lassen – wir – müssen – reparieren – die Waschmaschine – endlich: ______________________________
4. lassen – er – wollen – nicht – sich – schneiden – die Haare: ______________________________
5. lassen – manche Eltern – impfen – nicht – ihre Kinder: ______________________________

☺ ○ 😐 ○ ☹ ○

T2 Flaschenpost

Ergänzen Sie die fehlenden Konjunktionen bzw. Fragewörter und das passende Verb im Perfekt.

dass • ~~was~~ • weil (2x) • wenn (2x) • wer • wie alt
aufräumen • ~~erleben~~ • finden • schreiben • wecken

● In unserer Sendung „Alltagsgeschichten" haben wir heute Peter M. mit seiner Geschichte zu Gast. Unsere Hörer wollen natürlich wissen, (1) *was* Sie (2) *erlebt haben.* Stimmt es, Peter, (3) ________ Sie beim Aufräumen im Keller eine alte Flaschenpost (4) ________ ________?

■ Ja, das ist richtig. Ich (5) ________ bei meinen Großeltern den Keller ________ und da war plötzlich zwischen anderen Dingen diese alte Flasche. Sie (6) ________ sofort mein Interesse ________, (7) ________ ein Brief darin war.

● Eine Flaschenpost aus dem Keller! Unglaublich! Wissen Sie denn, (8) ________ ________ der Brief in der Flasche ist?

- Das kann ich nicht genau sagen, (9) ______ der Brief kein Datum hat. Aber ich weiß, (10) ______ ihn (11) ______________ ________. Mein Opa an meine Oma! (12) ________ Sie wollen, kann ich Ihnen den Brief zeigen.
- Verrückt! Das ist ja ein Liebesbrief! Wie romantisch! Liebe Hörer, (13) ________ Sie auch so eine Geschichte für uns haben, dann melden Sie sich unter ...

T3 Bar zahlen oder mit Karte?

Ergänzen Sie das passende Wort oder den passenden Wortteil in der richtigen Form.

abheben • am besten • ~~am liebsten~~ • böse • ~~EC-Karte~~ • entscheiden • Euro • hinter • Kasse • Münze • ob • Schein • schwer • verlieren • wahrscheinlich • wechseln • weg • wie viel • zahlen
-automat • -bequem • -geld • -los • Bar- • Geld- • Konto- • ~~un-~~

Immer mehr Menschen zahlen (1) am liebsten mit (2) EC-Karte, weil es schnell geht und (3) un kompliziert ist. Man muss nicht lange im (4) ________beutel suchen und schauen, (5) ____ man überhaupt genug (6) ______geld hat. Der Geldbeutel ist oft voll und (7) ___________, weil wertloses (8) Klein________ darin ist. Sie kennen (9) ______________ die Situation: Sie stehen an der (10) __________ und zählen Ihre (11) ___________. Die Leute in der Schlange (12) ___________ Ihnen schütteln nur den Kopf. Man muss ständig Geld (13) ___________ und (14) Geld___________ sind nie da, wo man sie braucht. Das alles ist (15) un___________. Doch wer weiß schon, (16) ______ ________ Geld er ausgegeben hat, wenn man immer (17) bargeld____ zahlt? Da (18) ______________ der eine oder andere schnell den Überblick. Denn hundert (19) ________ sind wenig, wenn man mit Karte (20) _________, aber viel, wenn der grüne (21) ___________ vor den eigenen Augen den Besitzer (22) ______________. Der (23) _________auszug bringt dann die (24) ________ Überraschung: Das Geld ist (25) ______! Am Ende muss jeder selbst (26) ______________, was (27) ______ ______________ für ihn ist.

Lösungen

A Familie und Wohnen

A1 Lenas Mutter
2. Lenas, Schwiegervater, Großvater 3. Mario, Marios, Schwager 4. Schwägerinnen 5. Jill, Jills, -neffe 6. Jills, Vinzenz', Nichten, Großmutter 7. Tante, Onkel 8. Felicitas, Cousinen 9. Felicitas', Cousin, Felicitas'
Personenname: Mario, Jill, Vinzenz, Felicitas
Genitiv mit -s: Marios, Jills
Genitiv mit Apostroph: Vinzenz', Felicitas'

A2 Lebst du allein?
2. schwanger 3. alleinerziehend 4. in einem Mietshaus 5. in Rente 6. berufstätig 7. geschieden 8. in einer Wohngemeinschaft

A3 Zu Hause
2. ~~Zentrum~~ 3. ~~Schild~~ 4. ~~Mitglied~~ 5. ~~Briefkasten~~

A4 Warum?
2. Warum wohnst du noch bei den Eltern? – Ich wohne noch bei den Eltern, weil es praktisch ist. 3. Warum ziehst du um? – Ich ziehe um, weil die Wohnung zu klein ist. 4. Warum bist du traurig? – Ich bin traurig, weil ich meine Familie vermisse. 5. Warum backst du einen Kuchen? – Ich backe einen Kuchen, weil ich Besuch bekomme.

A5 Entschuldigung!
2f 3e 4c 5a 6d

A6 Wir haben renoviert.
2. habe ... telefoniert, telefonieren 3. haben .... informiert, informieren 4. haben ... organisiert, organisieren 5. haben .... transportiert, transportieren 6. hat ... funktioniert, funktionieren 7. Hast ... kontrolliert, kontrollieren 8. ist ... passiert, passieren

A7 Hast du verstanden?
2. hat besucht 3. hat empfohlen 4. hat entfernt 5. hat entschuldigt 6. hat erfahren 7. hat erlebt 8. hat gefallen 9. hat verloren 10. hat vermisst 11. hat verpasst 12. hat zerstört

A8 Ich habe schon angerufen.
2. habe angeschaut, anschauen 3. bin umgezogen, umziehen 4. haben ausgepackt, auspacken 5. sind ausgezogen, ausziehen

A9 In der Familie
2. haben kennengelernt 3. hat repariert 4. haben erlaubt 5. habt beantwortet 6. sind angekommen 7. hast erzählt 8. haben studiert 9. ist eingeschlafen 10. haben aufgeräumt 11. hat verkauft 12. Hast vergessen 13. hat eingepackt 14. seid losgefahren

A10 Glück oder Pech
2d 3b 4a 5f 6c

A11 Es klingelt.
2. klingelt 3. klingeln 4. geklingelt 5. klingle 6. klingelt 7. klingeln 8. geklingelt

A12 Raus oder rein?
2. rein- 3. runter- 4. rauf- 5. rein- 6. runter- 7. raus- 8. rauf-

A13 Komm rein.
2. rausbringen 3. raufgeklettert 4. rausgelassen 5. runtergefallen

A14 Mülltonne
2. das Garagentor 3. die Steckdose 4. die Wohngemeinschaft 5. das Treppenhaus 6. die Mietwohnung 7. der Wohnungsschlüssel 8. die Müllabfuhr

A15 Wo?
Mögliche Lösungen:

Wo ist denn	der Kugelschreiber?	Er liegt in der Schublade.
Habt ihr	die Fernsehzeitung gesehen?	Sie liegt auf dem Sofa.
Wo ist denn	die Post?	Sie steckt (noch) im Briefkasten.
Habt ihr	das Fahrrad gesehen?	Es steht im Hof.
Wo sind denn	die Mülltonnen?	Sie stehen neben der Garage.

A16 Wohin?
Mögliche Lösungen:

Soll ich	die Leiter	in den Keller bringen?
Könntest du	den Kinderwagen	vor die Tür stellen?
Soll ich	den Müll	in die Mülltonne werfen?
Könntest du	das Geld	in den Geldbeutel stecken?
Soll ich	die Jacke	auf den Bügel hängen?

A17 Da oder dahin?
2. dorthin 3. hierhin 4. dahin 5. hier

T1 Meine neue Wohnung
3. An der Haustür, am Briefkasten – Wo steht schon dein Name? 4. im Keller – Wo gibt es keinen Platz für Fahrräder? 5. ins Bad – Wohin kannst du die Waschmaschine stellen? 6. auf/in den Müll – Wohin hast du viele Sachen geworfen? 7. auf dem Boden – Wo liegen die Bücher (im Moment noch)? 8. im Wohnzimmer, an der Wand – Wo hängt der Fernseher? 9. ins Schlafzimmer – Wohin hast du den Teppich gelegt? 10. in die Küche über das Fenster – Wohin möchtest du die (große) Uhr hängen? 11. dem Küchentisch – Wo sitzt dein Hund am liebsten?

T2 Umzug
2. hat erzählt 3. weil 4. funktioniert hat 5. Zuerst 6. hat ... verloren 7. gefunden 8. haben ... ausgewechselt 9. studieren 10. dort 11. Sachen 12. dorthin 13. liegt 14. im 15. Aufzug 16. rauf und runter 17. da

T3 Was ist passiert?
2. Er ist von der Leiter gefallen, weil er nicht aufgepasst hat. 3. Wir haben den Zug verpasst, weil die S-Bahn Verspätung hatte. 4. Sie liegt im Krankenhaus, weil sie einen Unfall mit dem Fahrrad hatte.

B Essen und Arbeiten

B1 Party
2d 3a 4c 5b 6g 7h 8f 9j 10i
Nom. m: einer **Nom. n:** welches **Nom. Pl.:** keine
Akk. m: einen/welchen **Akk. f:** eine/keine
Akk. n: eins/keins **Akk. Pl.:** welche

B2 In der Küche
2. ~~Pfanne~~ 3. ~~Topf~~ 4. ~~Föhn~~

B3 Kaffeekannen und mehr
2. Zitronenkuchen, Kuchenteller 3. Brotmesser, Kuchengabel, Suppenlöffel 4. Salatschüssel, Salatbesteck 5. Rotweingläser, Wassergläser 6. Cola, Plastikbechern 7. Bratpfanne, Kochtöpfe

B4 Was essen wir?
2. eins 3. eine 4. keine 5. einen 6. einer 7. einen 8. welche

B5 **Essgewohnheiten**
M: Frühstück, Mittagessen und Abendessen.
I: Ich liebe Fleisch, vor allem Rind und Schwein. Fisch esse ich nur selten.
V: Meistens esse ich in der Kantine, weil ich viel arbeite. Am Wochenende koche ich frisch mit regionalen Produkten.

B6 **Einladung**
2g 3a 4f 5b 6d 7h 8e

B7 **Ich sollte gehen.**
2. solltest 3. sollten 4. sollten 5. sollte 6. solltet 7. sollte
2. solltest 3. sollte 4. sollten 5. solltet 6. sollten

B8 **Probleme im Büro**
2. Du solltest dich auch vom Betriebsrat beraten lassen.
3. Sie sollten auf keinen Fall Ihren Vertrag kündigen.
4. Ihr solltet direkt einen Termin mit dem Chef vereinbaren.
5. Sie sollten die Vorschriften beachten.

B9 **Mitarbeiterbesprechung**
2. die Betriebsversammlung 3. die Informationsveranstaltung 4. die Teilnahmebestätigung 5. die Rentenkasse 6. die Zeitarbeitsfirma 7. der Durchschnittslohn 8. die Überstunde 9. der Feierabendverkehr 10. die Kündigungsfrist

B10 **In der Firma**
2. entlassen 3. Kündigungsfrist 4. findet ... statt 5. Überstunden 6. Nutzen

B11 **Am Telefon**
2. ausrichten, versuche 3. verbinden, stelle ... durch
4. Feierabend, Durchwahl 5. Mittagspause, zurückrufen
6. Platz, Besprechung

B12 **Es ist immer jemand da.**
2. etwas 3. niemanden 4. nichts 5. niemand
Nom.: etwas/nichts, jemand/niemand
Akk.: etwas/nichts, jemand(en)/niemand(en)

B13 **Urlaub im Hotel**
2. wenden, haben 3. gibt, helfen 4. Nutzen, anreisen
5. kommen, stehen 6. stornieren, planen 7. sind, brauchen

B14 **Was machst du im Restaurant, wenn ...?**
Mögliche Lösungen:

Wenn	die Suppe zu salzig ist,	dann	lasse ich sie zurückgehen.
Wenn	der Braten zu fett ist,	dann	lasse ich ihn stehen.
Wenn	der Kuchen zu süß ist,	dann	esse ich ihn nicht.
Wenn	das Tischtuch schmutzig ist,	dann	sage ich dem Kellner Bescheid.
Wenn	der Kellner unfreundlich ist,	dann	gebe ich kein Trinkgeld.
Wenn	der Service schlecht ist,	dann	gehe ich nie wieder in dieses Restaurant.

B15 **Obst und Gemüse**
2. ~~kurz~~ 3. ~~vegetarisch~~ 4. ~~klar~~ 5. ~~gemütlich~~ 6. ~~dick~~

B16 **Bestellen und bezahlen**
2. morgen, reservieren 3. hier, Plätze 4. besetzt, jemand(en) 5. etwas, Speisekarte 6. bestellt, Kollege 7. zahlen, sofort 8. macht, Stimmt 9. Besuch, Mal

B17 **Arbeiten in Deutschland**
2. Feiertage 3. gesetzlich 4. andere 5. durchschnittlich 6. die Arbeitnehmer

T1 **Alltagsdinge**
(3) keine (4) eine/welche (5) keine (6) keine
(7) welche (8) keine (9) welche (10) welche
(11) ein (12) keins (eins) (13) keins (14) keins
(15) einen (16) keinen (17) einen

T2 **Tipps für Arbeit und Beruf**
2. Wenn du einen Job suchst, solltest du (die) Stellenanzeigen lesen. 3. Wenn Lisa im Hotel an der Rezeption arbeiten will, sollte sie zwei oder drei Fremdsprachen sprechen.
4. Wenn Marco als Taxifahrer jobben will, sollte er gut Auto fahren können. 5. Wenn Sie in Deutschland studieren wollen, sollten Sie in die Studienberatung gehen.
6. Wenn man im Beruf weiterkommen will, sollte man ins Ausland gehen. 7. Wenn du gern für andere kochst, solltest du eine Ausbildung als Koch machen.

T3 **Meine Arbeit**
(2) Gästen (3) freundlich (4) schwierig (5) Arbeitszeiten (6) in (7) wahrscheinlich (8) Mitarbeitern (9) Einer (10) Feiertagen (11) Überstunden (12) bei (13) Verkäuferin (14) Betriebsrat (15) Wenn (16) Kollegen (17) berate (18) Lösung

C Sport und Lernen

C1 **Bewegung ist alles!**
2. sich, sich ärgern 3. uns, sich treffen 4. dich, sich anmelden 5. sich, sich entspannen 6. euch, sich verabreden 7. mich, sich bewegen 8. mich, sich fühlen 9. euch, sich beeilen 10. sich, sich interessieren
ich...mich, du...dich, er...sich, sie...sich, wir...uns, ihr...euch, sie...sich

C2 **Wasch dich bitte!**
2f 3e 4h 5a 6d 7c 8g

C3 **Stell dir vor ...**
2. sich, die Zähne 3. sich, die Hände 4. euch, die Schuhe 5. dir, die Haare 6. sich, den Bart 7. mir, Das 8. uns, die Jacken

C4 **Konzentration oder Entspannung**
2. ~~sich beeilen~~ 3. ~~sich zurückziehen~~ 4. ~~sich konzentrieren~~

C5 **Schulzeit**
2. Erzähl, erzählen von + Dat. 3. interessiert, sich interessieren für + Akk. 4. gefreut, sich freuen auf + Akk. 5. Lust, Lust haben auf + Akk. 6. ärgert, sich ärgern über + Akk. 7. Angst, Angst haben vor + Dat. 8. Erinnert, sich erinnern an + Akk. 9. traumt, traumen von + Dat. 10. gefreut, sich freuen über + Akk. 11. gesprochen, sprechen über + Akk. 12. gekümmert, sich kümmern um + Akk. 13. zufrieden, zufrieden sein mit + Dat. 14. beschweren, sich beschweren über + Akk.

C6 **Sport im Verein**
2. um 3. für 4. auf 5. an 6. über 7. mit 8. von

C7 **Wortketten**
2. der Hochschulabschluss – die Abschlussprüfung – die Prüfungsangst 3. der Deutschunterricht – das Unterrichtsfach – das Fachabitur 4. das Vereinsmitglied – der Mitgliedsbeitrag – die Beitragszahlung 5. die Grundschule – das Schulkind – die Kinderermäßigung 6. der Frühsport – die Sportveranstaltung – der Veranstaltungskalender

C8 **Sportarten**
2. Ballsportarten, Volleyball, Basketball, Handball
3. Eishockey, Weltmeisterschaften 4. Fußballmannschaft, Saison, Meister 5. Skifahren, Außerdem, Umwelt
6. Wassergymnastik, empfohlen

C9 **vhs-Kurse**
2e 3b 4a 5d

Verb mit Präposition	Fragewort	Präpositional-adverb
sich ärgern über	Worüber?	darüber
denken an	Woran?	daran
sich freuen auf	Worauf?	darauf
sich interessieren für	Wofür?	dafür
zufrieden sein mit	Womit?	damit

C10 **Was wolltest du werden?**
2. sollte, wollte 3. konnten, sollten 4. durftest, Konnten 5. musste, durfte 6. sollten, wollten 7. konnten 8. musste, durfte 9. Musstet 10. Wolltet
1. musste/durfte 2. durftest 3. musste/durfte 4. konnten/mussten 5. musstet 6. konnten
1. sollte 3. wollte/sollte 4. sollten
5. wolltet/solltet 6. wollten/sollten

C11 **Meinungen**
Mögliche Lösungen:

Wir	glauben,	dass	Stress krank macht.
Mein Vater	denkt,	dass	ich die Prüfung nicht bestanden habe.
Meine Mutter	meint,	dass	mein Bruder zu viel arbeitet.
Meine Eltern	finden,	dass	wir uns zu wenig bewegen.
Ich	denke,	dass	viele Leute keine Zeit für Sport haben.
Wir	meinen,	dass	jeder einen Beruf lernen soll.

C12 **Mein Beruf**
I: Ich möchte Krankenschwester werden. Ich habe schon ein Praktikum im Krankenhaus gemacht und bin sicher, dass der Beruf zu mir passt.
N: Ich hoffe, dass man meine Ausbildung hier anerkennt. In Syrien war ich Programmierer. Meine Nachbarn haben für mich einen Job in einer Werbeagentur gefunden. Ich finde es super, dass sie mir geholfen haben.
I: Autos sind mein Hobby. Deshalb war es für mich klar, dass ich beruflich Autos reparieren wollte. Ich bin glücklich, dass ich einen Ausbildungsplatz bekommen habe. Im September fange ich an.

T1 **Stress am Morgen**
(2) Das (3) Familienmitglieder (4) ziehen sich an (5) rasiert sich (6) sich kämmen (7) es (8) dass (9) An (10) kümmere mich (11) zusammen (12) dafür (13) Problem (14) niemand (15) darüber (16) sich (17) freuen uns (18) wenn (19) alles (20) darüber

T2 **Urlaub und Freizeit**
1. mich 2. sich, um 3. von, vor 4. uns, von 5. dich, auf, An 6. euch, an, mit 7. sich, für, auf 8. sich, sich, über 9. mich, mich, auf 10. sich, an

T3 **Pläne und Meinungen**
2. Es war klar, dass er bei seinen Eltern bleiben konnte.
3. Wir haben geglaubt, dass er ein/das Praktikum im Ausland machen wollte. 4. Ich denke wirklich, dass sie nicht studieren durfte. 5. Es ist schön, dass sich die/eine Tochter für das Geschäft der Eltern interessiert.
6. Wir finden es gut, dass man in der Schule eine Fremdsprache lernen muss.

D Feste und Aktivitäten

D1 **Wem schenkt man was?**
2. meiner 3. unseren 4. ihrer 5. Ihrem 6. deinem 7. meinem 8. meiner 9. seiner 10. euren
Sg. m: meinem/deinem/Ihrem **Sg. f:** meiner/seiner/Ihrer **Sg. n:** meinem **Pl.:** unseren/euren

D2 **Von wem ist das Geschenk?**
2. ihren Eltern 3. unserem Opa 4. seiner Freundin 5. deinem Freund 6. euren Nachbarn 7. meinen Kollegen 8. wem

D3 **Glückwunschkarte**
1. die Glückwunschkarte 2. die Goldkette 3. das Geschenkpapier 4. die Parfümflasche 5. das Abendkleid 6. die Pralinenschachtel 7. das Schokoladenherz 8. die Hochzeitstorte

D4 **Hotel Eden**
2. mir, die Adresse 3. dir, den Ort 4. ihr, den Weg 5. Ihnen, einen Prospekt 6. euch, den Link

D5 **Café Heller**
2. Kannst du sie Herrn Maier geben? 3. Ich zeige es euch auf der Karte. 4. Soll ich ihn euch erklären?
5. Du musst sie dir unbedingt dort anschauen.
6. Wenn Sie wollen, schicke ich ihn Ihnen.

D6 **Hochzeit**
2. ~~entscheiden~~ 3. ~~Oper~~ 4. ~~streiten~~ 5. ~~Diplom~~
6. ~~weinen~~

D7 **Hochzeitseinladung**
(2) Hochzeit (3) findet statt (4) Kirche (5) Trauung (6) feiern (7) Fest (8) tanzen (9) Hochzeitstorte (10) warten (11) hoffen (12) Hotel (13) Geschenk(e) (14) freuen

D8 **Das ist mir wichtig.**
2f 3d 4e 5c 6a

D9 **Partys**
D: Bier und Musik. Alles andere ist Nebensache.
E: Tanzen bringt Stimmung und macht Spaß. Dafür sollte man aber Platz haben. Warum nicht in einen Club gehen und dort feiern?
H: Ein Sprichwort sagt: Man soll die Feste feiern, wie sie fallen. Das finde ich gut. Gibt es das Sprichwort auch in eurer Heimat?
S: Sind Partys wirklich so wichtig? Ich unterhalte mich lieber in Ruhe mit Freunden zu Hause oder im Café. Dazu brauche ich keine Partys.

D10 **Und trotzdem ...**
2. Trotzdem hat er den ganzen Tag gearbeitet.
3. Trotzdem schmeckt sie nicht. 4. Trotzdem kommt es von Herzen. 5. Trotzdem sind wir sehr nervös.
6. Trotzdem überzeugen sie mich nicht.

D11 **Vorschläge für das Wochenende**
2. könntest 3. könntet 4. könnten 5. könnte 6. könnten
2. du könntest 3. er/sie/es könnte 4. wir könnten 5. ihr könntet 6. sie/Sie könnten

D12 **Wünsche**
2. wärest 3. hätten 4. hätte 5. Wäret 6. Wären
2. du hättest/wärest 3. er/sie/es hätte/wäre 4. wir hätten/wären 5. ihr hättet/wäret 6. sie/Sie hätten/wären

D13 **Was würdest du am liebsten tun?**
Mögliche Lösungen:

Du	würdest	lieber	das Wochenende zu Hause verbringen.
Mein Freund	würde	am liebsten	etwas mit Freunden unternehmen.
Meine Freundin	würde	gern	aufs Oktoberfest gehen.
Wir	würden	am liebsten	bei einem Kunst-Workshop mitmachen.
Ihr	würdet	lieber	eine Party organisieren.
Meine Freunde	würden	am liebsten	eine Sprachreise machen.
Wir	würden	gern	segeln lernen.

D14 **WhatsApp-Nachrichten**
2a- 3g+ 4e+ 5c+ 6b- 7f-

D15 **Wo ist was los?**
2. Schokoladenmuseum, Schokopralinen, dekorieren, mitnehmen
3. Weihnachtszeit, spielt, Puppentheater, Oper
4. Leute, Apfelweinfeste, Apfelwein, Nationalgetränk
5. Frühjahr, Herbst, Kinderflohmärkte, Kinderkleidermärkte, Spielzeug, Sportsachen
6. Straßenmusik, Straßenkünstler
7. Naturfotografie, Naturfotograf, unternimmt, Fotowanderungen
8. Winter-Donauschwimmen, Anmeldung, erforderlich, Teilnahme

T1 **Geburtstagsfeier**
(2) wollte (3) hätte (4) könnte (5) Wärest (6) wäre (7) würde (8) könnten (9) würde (10) hätte (11) könnten (12) Würde

T2 **Fragen**
2. Wer hätte nicht gern viele Freunde? 3. Wäret ihr jetzt lieber in eurer Heimat? 4. Würden Sie allein in (den) Urlaub fahren? 5. Hättest du gern einen Hund?
6. Welche Fremdsprache würdet ihr gern lernen? 7. Wärest du gern in einem/im Sportverein? 8. Was würdest du jetzt am liebsten tun?

T3 **Gut, das mache ich.**
1. es ihr. 2. mir die CD. – sie dir 3. deinem Bruder das Geld – es ihm
4. euren Eltern die Ankunftszeit – sie ihnen 5. deiner Freundin den Laptop – ihn ihr
6. uns das Programm – es euch

T4 **Konzertkarten**
(2) das (3) ihm (4) etwas (5) für (6) Bücher (7) Pralinen (8) Worüber (9) Glück (10) Konzertkarte (11) Datum (12) euch (13) vier (14) seinen (15) trotzdem (16) Hauptsache (17) Konzert (18) Das

E Dinge und Kommunikation

E1 **Dinge im Haus**
1. rote, neuen 2. schöne, schöne, alte, modernen
3. moderne, moderne, modernen 4. neues, alte, neues
5. großen, kleinen, kleine
Nom. m: der rote Teppich **Nom. f:** die schöne Kommode, (k)eine alte Kommode **Nom. n:** das alte Bild, (k)ein neues Bild **Nom. Pl:** moderne Lampen
Akk. m: den kleinen Fernseher, (k)einen großen Fernseher **Akk. f:** die schöne Kommode **Akk. n:** (k)ein neues Bild **Akk. Pl.:** die/keine modernen Lampen, moderne Lampen

E2 **Mit dem neuen Handy**
2g 3a 4b 5h 6c 7e 8f
Dat. m: dem großen Schrank, einem kleinen Karton
Dat. f: der alten Kamera
Dat. n: einem bunten Poster
Dat. Pl.: den kaputten Tassen, modernen Möbeln

E3 **Sein altes Auto**
2. weißer 3. schwarzen 4. braune 5. neuen
6. scheußliche 7. schöne 8. neuen 9. Elektrische
10. unmodernen

E4 **Wanderrucksäcke und Sonnenhüte**
2. der Wanderrucksack 3. das Sportstadion
4. die Schaufensterpuppe 5. die Spielzeugeisenbahn
6. die Papierschere 7. die Fernsehkamera
8. der Münzautomat 9. das Kerzenlicht
10. der Liebesroman

E5 **Ein Wohnzimmertisch**
2. ein Buch 3. Schuhe 4. eine Reise 5. einen Wein
6. eine Wohnung 7. ein Auto 8. Möbel

E6 **Gegenteile**
2. klug – klüger – am klügsten, dümmer – am dümmsten
3. jünger – am jüngsten, alt – älter – am ältesten
4. lang – länger – am längsten, kürzer – am kürzesten
5. höher – am höchsten, niedriger – am niedrigsten
6. nah – näher – am nächsten, weiter – am weitesten
7. teurer – am teuersten, billig – billiger – am billigsten
8. gut – am besten, schlechter – am schlechtesten
9. mehr – am meisten, wenig – weniger – am wenigsten
10. lieber – am liebsten

E7 **Größer oder genauso groß?**
3. höher, höher 4. länger, lang 5. schöner, schöner
6. interessanter, interessant

E8 **Am schönsten finde ich ...**
P: Ich finde eigentlich alles schön. Am liebsten mag ich die Küche. Da habe ich einen alten Holztisch. Der macht die Küche so gemütlich.
A: Für meine Wohnung habe ich viel Geld ausgegeben. Am teuersten war das Sofa. Es ist aus schwarzem Leder. Das war mir wichtig, denn Stoffsofas gefallen mir überhaupt nicht. Ledersofas sind auch am praktischsten. Sie passen zu allem.
M: Bei Möbeln ist mir gute Qualität am wichtigsten. Am besten finde ich Naturmaterialien. Holz ist doch viel besser als Plastik! Ich finde, Möbel aus Holz machen eine Wohnung warm und freundlich.

E9 **Bergtour**
2. Deshalb geht sie mit ihren Kindern oft in den Zoo.
3. Deswegen geht sie oft auf Flohmärkte.
4. Deshalb kann ich im Moment keine Wäsche waschen.

E10 **Mailbox-Nachrichten**
2. Bitte rufen Sie mich kurz zurück. Es ist wichtig.
3. Entschuldigen Sie, dass ich mich nicht früher gemeldet habe. Ich habe den Termin leider verpasst. 4. Danke für Ihre Nachricht. Ich komme morgen zu Ihnen ins Büro.
5. Wir müssen den Urlaub leider verschieben. Ich hoffe, dass du deswegen nicht sauer bist. 6. Wir haben gehört, dass du krank bist. Gute Besserung!

E11 **Arbeitslos**
2. fahrerlose 3. unwichtig 4. Unbekannte 5. unhöfliche
6. kostenloses 7. fensterlos

E12 **Auf der Post**
1. Postkarten 2. Päckchen, Paket 3. Sendung, verfolgen, Zustellung 4. Einschreiben, Möglichkeit
5. Benachrichtigung, abholen, Ausweis

E13 Tätigkeiten im Büro
2. werden ... gebracht 3. werden kopiert 4. werden verschoben 5. werden angerufen 6. werden vorbereitet 7. wird ... informiert 8. wird repariert 9. werden gekauft 10. wird bestellt 11. wird gekocht, werden gegessen 12. wird aufgeräumt, geputzt

E14 Was wird in der Schule gemacht?
2. werden verbessert 3. werden gehalten 4. wird ... gelesen 5. wird ... gelernt 6. werden ... vorgestellt 7. wird ... getestet 8. wird gewählt 9. werden besprochen 10. wird ... geärgert

E15 Einladung
2. die Vorbereitung: vorbereiten 3. die Bestellung: bestellen 4. die Reservierung: reservieren 5. die Anmeldung: anmelden 6. die Bewerbung: sich bewerben 7. die Kündigung: kündigen 8. die Unterhaltung: unterhalten 9. die Verletzung: verletzen 10. die Impfung: impfen

T1 Lieblingsstücke
(2) einem kleinen (3) weichem (4) keine roten (5) besonderen (6) alte (7) keine wertvolle (8) meinen geliebten (9) vielen (10) Ein ... schönes (11) Mein grauer (12) unserer früheren (13) dem schmutzigen (14) der schmutzige (15) mein ganzes (16) Der braune (17) ein hässlicher (18) Den hässlichen (19) meiner alten (20) jeden neuen

T2 Fragen im Alltag
2. Hast du schon die Kinder abgeholt? – Nein, die Kinder werden heute von Oma abgeholt. 3. Hast du schon die Arztrechnung bezahlt? – ... Wenn sie kommt, wird sie sofort bezahlt. 4. Hast du schon das Auto verkauft? – Nein, das Auto wird nicht verkauft. 5. Hast du schon das Fahrrad repariert? – Wenn es nicht mehr regnet, wird zuerst das Fahrrad repariert. 6. Hast du schon die neue Grammatik geübt? – ... Ich denke, dass die neue Grammatik morgen im Unterricht geübt wird.

T3 Meine Bestellung
(2) gebrauchten Laptop (3) Wenn (4) falsch (5) gute Erfahrungen (6) sofort (7) Lieferung (8) Schließlich (9) E-Mail (10) verpackt (11) gebracht hat (12) Deswegen (13) geliefert wird (14) später (15) Straße (16) Benachrichtigung (17) Päckchen (18) abholen

F Wege und Reisen

F1 Unterkünfte
2f 3e 4d 5h 6a 7b 8c
Nom. m: schöner Blick **Nom. f:** direkte Nähe
Nom. n: großes Bad **Nom. Pl.:** günstige Übernachtungen
Akk. Pl.: junge Leute
Dat. m: eigenem Laden
Dat. f: netter Familie **Dat. Pl.:** historischen Räumen

F2 Tipps für Autofahrer
2. großen 3. dichtem 4. Starker 5. hohe 6. großer 7. gefährlichen 8. öffentliche

F3 Auf der Straße
2. ~~anschauen~~ 3. ~~Chaos~~ 4. ~~begeistert~~ 5. ~~Ausfahrt~~

F4 Kalt und neblig
2. wolkig, Wolken 3. windig, Wind 4. stürmisch, Sturm 5. eisig, Eis 6. regnerisch, Regen 7. gewittrig, Gewitter 8. sonnig, Sonne

F5 Hunger und Durst
2. durstig 3. modisch 4. schmutzig 5. typisch 6. medizinischen 7. stressig 8. Touristische

F6 Wetterbericht
2. die Gewitterwolke – der Wolkenhimmel 3. der Morgennebel – die Nebellampe 4. die Mittagshitze – die Hitzewelle 5. der Schneeregen – der Regenschirm 6. der Herbststurm – die Sturmwarnung 7. der Ostwind – das Windsurfen 8. der Sonnenschutz – die Schutzimpfung

F7 Verkehrsnachrichten
2. Verkehrschaos, sorgen 3. Baustelle, benutzbar 4. Richtung, Fahrbahn 5. überholen

F8 Verkehrsmittel
M: Aber ich finde es furchtbar, wenn man im Stau steht und von Radfahrern überholt wird. Am schlimmsten ist der Berufsverkehr. Da geht oft gar nichts mehr und selbst Fußgänger sind schneller als jedes Auto.
D: In Vietnam fahren alle mit dem Moped. Die Straßen sind voll mit Mopeds und alle hupen. Mir gefällt das, aber es ist auch gefährlich. In Deutschland ist das anders. Da ist es auf den Straßen sicherer und es gibt viel weniger Unfälle als bei uns.
T: Ich fahre am liebsten mit öffentlichen Verkehrsmitteln. Dann muss ich nach keinem Parkplatz suchen und bekomme auch keine Strafzettel, wenn ich falsch parke. Das bedeutet weniger Stress für mich.
I: Mir ist aufgefallen, dass die Leute auch in der Freizeit immer wegfahren wollen. Warum nicht mal zu Hause bleiben oder einfach nur spazieren gehen? Dann braucht man gar kein Verkehrsmittel.

F9 Ich komme vom Sport.
2. aus dem 3. aus, von 4. aus 5. vom 6. aus dem

F10 Ich bin beim Friseur.
2. ~~beim Zahnarzt~~ 3. ~~in der Schule~~ 4. ~~von der Arbeit~~ 5. ~~aus dem Supermarkt~~ 6. ~~vom Sport~~

F11 In der Stadt
Mögliche Lösungen:

Wo	seid ihr gerade?	Auf dem Land.
Wohin	fahrt ihr in den Ferien?	Aufs Land.
Wo	bist du gerade?	Im Englischen Garten.
Wohin	gehst du gerade?	In den Englischen Garten.
Wo	machen Sie dieses Jahr Urlaub?	Im Bayerischen Wald.
Wohin	fahren Sie in den Ferien?	In den Bayerischen Wald.
Wo	macht ihr dieses Jahr Urlaub?	In den Alpen.
Wohin	fahrt ihr in den Ferien?	In die Alpen.
Wo	machen Sie dieses Jahr Urlaub?	Im Gebirge.
Wohin	fahren Sie in den Ferien?	Ins Gebirge.
Wo	bist du gerade?	Am Mittelmeer.
Wohin	fährst du in den Ferien?	Ans Mittelmeer.
Wo	seid ihr gerade?	An der Ostseeküste.
Wohin	fahrt ihr in den Ferien?	An die Ostseeküste.
Wo	sind Sie gerade?	Am Bodensee.
Wohin	fahren Sie in den Ferien?	An den Bodensee.
Wo	machst du dieses Jahr Urlaub?	Auf der Insel Reichenau.
Wohin	fährst du in den Ferien?	Auf die Insel Reichenau.

F12 Ausflug an den Chiemsee
(2) Idee (3) besichtigen (4) wäre (5) Am (6) Lasst (7) zur (8) Auf die (9) Vorschlag (10) zum (11) ins (12) zur (13) meint (14) machen (15) dagegen (16) dafür

F13 Welcher Weg?
1. entlang 2. An, über, bis zur 3. Gegenüber, bis ins 4. am, an, bis zur 5. durch, bis zum, um, herum

F14 **Infos**
2. an der 3. um die Insel herumfahren 4. zum Hotel
5. über die

F15 **Reisen**
2. Aufenthalt, Halbpension 3. Stadtführungen, zusätzliche 4. Stress, Spezialisten 5. ihren, online 6. Zugverbindung, Umsteigen 7. lange, Flughafen 8. Traumreise, Problem(e)

T1 **Fahrradtour**
(2) bei (3) Deswegen (4) regnerisch (5) wie (6) ohne (7) aus (8) Trotzdem (9) Dom (10) neue (11) am Rhein entlang (12) unterwegs (13) übernachten (14) durch (15) bis zum (16) Ausblick (17) an netten Weinorten vorbei (18) herzliche

T2 **Im Reisebüro**
2. Sind die Kosten für (die) Eintritte und Führungen inklusive? 3. Ist das Hotel auch ohne Halbpension buchbar? 4. Können Sie uns für unseren Aufenthalt ein familienfreundliches Hotel empfehlen? 5. Haben Sie noch andere Pauschalangebote für Familien im Programm? 6. Welche Unterkunft ist am preisgünstigsten? 7. Kann ich die Sprachreise auch ohne Unterkunft und Kulturprogramm buchen? 8. Wie viele Direktflüge gibt es täglich von Frankfurt nach Rio?

T3 **Biete-Suche**
2. altes Kinderfahrrad zu günstigem Preis 3. professionellen Nachhilfeunterricht in kleinen Gruppen
4. italienische(n) Muttersprachler für verschiedene Übersetzungsarbeiten 5. schwarzes Abendkleid mit passendem Modeschmuck 6. verrückte Leute für gemeinsamen Abenteuerurlaub

G Geld und Alltag

G1 **Umzug**
2. lässt ... helfen 3. Lasst ... machen 4. lässt ... liefern
5. lassen ... reinigen 6. putzen lassen 7. reparieren lassen
8. drucken lassen 9. lassen ... zuschicken
10. beraten lassen
2. du lässt 3. er/sie/es lässt 4. wir lassen 5. ihr lasst
6. sie/Sie lassen

G2 **Fragen zur Kontoeröffnung**
2c 3g 4e 5b 6h 7a 8f

G3 **Informationen zum Konto**
2. Broschüre 3. Rechnungsbeträge 4. Kontoauszüge
5. Bankkarte 6. Geldautomaten 7. Zinsen

G4 **Bargeld**
2. das Girokonto – die Kontonummer – der Kontoauszug
3. die Bankkarte – der Karteninhaber – die Kartenzahlung 4. die Landesbank – das Bankkonto – die Banklehre
5. die Kundeninformation – die Informationsbroschüre – das Informationsmaterial 6. das Bruttogehalt – die Gehaltserhöhung – die Gehaltskürzung 7. die Jackentasche – das Taschengeld – das Taschenmesser

G5 **Wissen Sie, wo das ist?**
2. wie 3. wann 4. um wie viel 5. wie 6. warum
7. was 8. welches 9. wo 10. an wen

G6 **Wissen Sie, ob das richtig ist?**
2. ... ob Sie kurz Zeit hätten.
3. ... ob du mir helfen kannst.
4. ... ob ich die Prüfung bestanden habe?
5. ... ob ich mich noch für den Kurs anmelden kann.

G7 **Alltagsprobleme**
2. Könntest du kurz mal am Handy googeln, wann die Öffnungszeiten der Bank sind? 3. Könnten Sie mir bitte erklären, wie das Online Banking genau funktioniert?
4. Darf ich Sie fragen, warum der Kursbeginn verschoben wird?

G8 **Volltanken**
2. ~~erledigen~~ 3. ~~eröffnen~~ 4. ~~faulenzen~~

G9 **In der Autowerkstatt**
M: Mit dem bin ich regelmäßig in der Werkstatt. Ständig geht etwas kaputt. Lange Strecken will ich gar nicht mehr fahren. Das ist mir zu gefährlich.
I: Mit Autos kenne ich mich überhaupt nicht aus. Deswegen lasse ich fast alles in der Werkstatt machen: Reifenwechsel, Ölwechsel und vieles andere. In der Werkstatt kennen sie mich schon. Oft waschen sie mir noch kostenlos mein Auto.
A: Letzte Woche hat mich die Polizei gestoppt, weil das rechte Bremslicht nicht funktioniert hat. Ich wollte vor dem Winter sowieso Licht und Bremsen überprüfen lassen. Also war das nicht so schlimm.
L: Ohne Werkstatt geht bei modernen Autos überhaupt nichts mehr. Die Elektronik ist zu kompliziert. Wenn etwas nicht funktioniert, kann man nur hoffen, dass der Fehler erkannt und die Reparatur nicht so teuer wird.

G10 **Streit**
1. faul, Strand, nichts 2. Hobby, lache, Fernseher, Bier, Schöner 3. Weg, getan, erklären 4. Ruhe, ständig, diskutieren 5. Entscheidung, trennen, Zukunft

G11 **Du und ich**
2. Wenn 3. weil 4. dass 5. wenn 6. weil 7. dass

G12 **Träume und anderes**
(3) war (4) könnten (5) hättest (6) wollte (7) gekocht hat (8) ist ... gestorben (9) habe ... gegessen (10) hat ... gegeben (11) waren (12) konnte (13) musste
(14) wäre (15) haben ... geändert (16) Hattet (17) habe ... gewünscht (18) bin gegangen (19) habe gekümmert
(20) durften (21) wollte

G13 **Märchen und mehr**
2d 3f 4b 5a 6c 7b 8a 9e 10d
2. Tischchen 3. Schätzchen 4. Pferdchen 5. Hänschen
6. Schäfchen 7. Häschen 8. Entchen 9. Zaubermännchen 10. Brüderchen

G14 **Wichtig**
2. Bärchen, Partnerin, Herzchen 3. schrecklich, Lehrer, unpünktlich 4. Nachbarin, dankbar, Erledigungen
5. Ausstellung, Studentenermäßigung 6. Veranstaltung, kostenlos 7. Autofahrer, richtig, gefährlich 8. wenige, Gewinner, Verlierer 9. Kellnerin, unzufrieden
10.Überweisung, Rechnungen, bargeldlos

T1 **Lassen Sie sich beraten!**
2. Opa lässt seinen Enkel den Koffer tragen.
3. Wir müssen endlich die Waschmaschine reparieren lassen. 4. Er will sich nicht die Haare schneiden lassen.
5. Manche Eltern lassen ihre Kinder nicht impfen.

T2 **Flaschenpost**
(3) dass (4) gefunden haben (5) habe ... aufgeräumt
(6) hat ... geweckt (7) weil (8) wie alt (9) weil
(10) wer (11) geschrieben hat (12) Wenn (13) wenn

T3 **Bar zahlen oder mit Karte?**
(4) Geld- (5) ob (6) Bar- (7) schwer (8) -geld
(9) wahrscheinlich (10) Kasse (11) Münzen
(12) hinter (13) abheben (14) -automaten (15) -bequem (16) wie viel (17) -los (18) verliert (19) Euro
(20) zahlt (21) Schein (22) wechselt (23) Konto-
(24) böse (25) weg (26) entscheiden (27) am besten

Register

A

Adjektivdeklination E1–3
Adjektivdeklination ohne Artikel F1–2
Adjektive auf *-bar* F7, G14
Adjektive auf *-ig* F4–5, G14
Adjektive auf *-(er)isch* F4–5
Adjektive auf *-los* E11, G14
Adjektive im Nominativ und Akkusativ E1
Adjektive im Dativ E2
Adjektive mit Präposition C5
Adjektivnegation E11
an F11
an...vorbei F13
auf F11
aus F9–10

B

-bar F7, G14
bis zu F13–14

C

-chen G13–14

D

da/dahin/dort/dorthin A17
dafür/darauf usw. C9
Dativ- und Akkusativergänzungen D4–5
dass C11–12, G11
denken C11
deshalb/deswegen E9
Diminutiv *-chen* G13–14
durch F13–14
dürfen C10

E

einer/keiner/welcher B1, 4
Eigennamen A1
entlang F13–14
etwas/nichts B12

F

Familienbezeichnungen A1
finden C11
Frageartikel *was für ein* E5
Fragewörter *wofür/worauf* C9

G

gegenüber F13–14
Genitiv von Eigennamen A1
glauben C11

H

haben D12
hier/hierhin A17

I

in F11
Indefinitpronomen B1, 12
Indirekte Frage G5–6
Indirekte Frage mit Fragepronomen G5
Indirekte Frage mit *ob* G6
-isch F4–5

J

jemand/niemand B12

K

keiner B1, 4
klingeln A11
Komparation E6–8
Komparativ E7
Konjunktiv II B7–8, D11–13, G12
können C10, D11

L

lassen G1
Lokale Präpositionen F9–11, 13–14
-los E11, G14

M

meinen C11
Modalverben B7–8, C10
müssen C10

N

Nicht-trennbare Verben A7
nichts B12
niemand B12
Nomen auf *-chen* G13–14
Nomen auf *-ung* E15, G14
Nomen mit Präposition C5

O

ob G6
ohne F15

P

Passiv Präsens E13–14
Perfekt A6–9, 11, G12
Präfix *un-* E11, G14
Präpositionaladverbien C9
Präteritum C10, G12

R

rauf/raus/rein/runter A12–13
Reflexivpronomen C1–3

S

sein D12
Satzstellung D4–5
Schulfächer C5
sich C1–3
Sportarten C8
Suffixe F4–5, 7, G13–14
Superlativ E8

T

Trennbare Verben A8
trotzdem D10

U

über F13–14
um (...herum) F13–14
un- E11, G14
-ung E15, G14

V

Verben auf *-ieren* A6
Verben des Meinens C11
Verben mit Dativ und Akkusativ D1
Verben mit Präposition C5–6
Vergleich E7
Verwandtschaftsbezeichnungen A1
von D2, F9–10

W

was für ein E5
Wechselpräpositionen A15–16
weil A4, G11
welcher B1, 4
wenn B13–14, G11
wenn-Sätze B13–14
wofür/worauf usw. C9
wollen C10
würde D13